D. HILÁRIO MOSER

Viver segundo o Espírito

Breve retiro espiritual

EDITORA
SANTUÁRIO

Direção editorial:
Pe. Fábio Evaristo R. Silva, C.Ss.R.

Copidesque:
Sofia Machado

Revisão:
Luana Galvão

Diagramação:
José Antonio dos Santos Junior

Coordenação editorial:
Ana Lúcia de Castro Leite

Dados Internacionais de Catalogação na Publicação (CIP) de acordo com ISBD

M899v Moser, D. Hilário

Viver segundo o espírito: breve retiro espiritual / D. Hilário Moser. - Aparecida : Editora Santuário, 2021.
72 p. ; 14cm x 21cm.

ISBN: 978-65-5527-115-7

1. Religião. 2. Cristianismo. 3. Espírito Santo. 4. Vida. I. Título

2021-2385 CDD 240
CDU 24

Elaborado por Vagner Rodolfo da Silva - CRB-8/9410

Índice para catálogo sistemático:
1. Religião : Cristianismo 240
2. Religião : Cristianismo 24

1ª impressão

Rua Pe. Claro Monteiro, 342 – 12570-000 – Aparecida-SP
Tel.: 12 3104-2000 – Televendas: 0800 016 00 04
www.editorasantuario.com.br
vendas@editorasantuario.com.br

Sumário

Apresentação

Estas páginas pretendem ser um breve itinerário pelos caminhos do Espírito, percorridos por discípulos e discípulas de Jesus que sentem a necessidade de se recolher em retiro espiritual.

São oito meditações, correspondentes a um retiro de três dias completos (5 dias incompletos): uma meditação para a noite de abertura, duas para cada dia de retiro e uma para a manhã do encerramento. São meditações simples, caseiras, em linguagem coloquial, do "jeito" familiar com que foram proferidas. Depois de cada meditação, você encontrará algumas citações da Palavra de Deus, que podem ajudá-lo a aprofundar o tema que foi desenvolvido.

A ideia central consiste em percorrer os caminhos do Espírito, segundo o Evangelho, o que exige silêncio, recolhimento, abertura de coração, capacidade de ouvir e meditar, firme decisão da vontade. Santa Teresa d'Ávila dizia que, quando alguém se compromete com Jesus e toma uma "decisão" concreta, já percorreu metade do caminho.

A Santa Mãe de Jesus, que mais do que qualquer discípulo ou discípula percorreu os caminhos do Evangelho, inspire quem meditar estas páginas a se reanimar e caminhar "decididamente" no seguimento de Jesus, sob a guia de seu Espírito.

O autor

1º DIA

À noite: meditação de abertura

Viver segundo o Espírito

Com minha saudação e meu abraço fraterno, permitam que eu me dirija ao verdadeiro "Orientador" deste santo retiro: *Ó Espírito Santo, dai-me um coração grande, aberto a vossa silenciosa e forte palavra inspiradora, fechado a todas as ambições mesquinhas, alheio a qualquer desprezível competição humana, compenetrado do sentido da santa Igreja! Um coração grande, desejoso de tornar-se semelhante ao Coração do Senhor Jesus! Um coração grande e forte para amar a todos, para servir a todos, para sofrer por todos! Um coração grande e forte para superar todas as provações, todo tédio, todo cansaço, toda desilusão, toda ofensa! Um coração grande e forte, constante até o sacrifício, quando for necessário! Um coração cuja felicidade é palpitar com o Coração de Cristo e cumprir humilde, fiel e virilmente a vontade do Pai. Amém* (Papa São Paulo VI).

Os "sinais" do Espírito

Invocado o Espírito Santo, abramos o coração à Palavra do Senhor.

Os antigos navegantes dos mares se guiavam pelos astros. Era olhando para as estrelas que eles sabiam a rota a seguir. Famosa ficou a estrela de Natal, que guiou os reis magos até o presépio de Jesus. Em certos pontos da costa, existem faróis que sinalizam aos navios a proximidade de acidentes que podem provocar o afundamento.

Nos aeroportos, há luzes que apontam a direção para os aviões e birutas que indicam a direção dos ventos. As estradas do mundo estão repletas de sinalizações para indicar o caminho e chamar atenção dos viajantes. A agulha da bússola sempre aponta para o Norte magnético da terra e, assim, orienta quem dela se serve.

Não haverá indicadores que também mostrem o rumo do coração? "Coração", em sentido bíblico, é o centro do ser humano, sede de tudo aquilo que a pessoa é diante de si mesma, diante dos outros e diante de Deus.

Existem, sim, esses indicadores e eles foram postos ao longo de nosso caminho por Jesus. Aliás, ele mesmo disse ser o Caminho e acrescentou: "Eu sou a luz do mundo. Quem me segue não andará nas trevas, mas terá a luz da vida" (João 8,12). Outro grande "sinalizador" para nossa vida é o Espírito Santo: "o Espírito da Verdade", que, como disse Jesus, "ensinar-vos-á toda a verdade" (João 16,13). Outro ainda é a Igreja: por meio de seu Magistério, ela nos transmite a Palavra de Deus, a santa vontade do Pai. Outro, por fim, é a Sagrada Escritura (a Bíblia), que a Igreja nos garante conter a Palavra de Deus escrita, inspirada pelo Espírito Santo.

Há mais "sinais" de Deus ao longo de nosso caminho: dentro de nós e fora de nós, individuais e sociais, naturais e históricos... Não se diz que a História é mestra da vida? Isso vale também para a vida da fé. Quem tem olhos abertos e coração pronto sabe ler todos os "sinais" – os sinais dos tempos – que o rodeiam. Às vezes, um acontecimento mínimo, que, à primeira vista, parece sem importância, contém uma indicação decisiva para minha vida.

Pergunto: por que toda essa conversa sobre sinais e sinalizadores? Porque "espiritualidade" consiste precisamente em seguir, na vida de cada dia, o caminho que esses sinalizadores apontam. Houve um tempo, não muito distante – talvez não tão distante –, em que pronunciar a palavra "espiritualidade" causava arrepios em algumas pessoas, porque, segundo elas, tratava-se de "intimismo".

Intimistas são os cristãos que cultivam somente afetos, sentimentos, orações melosas, individualistas, totalmente desligadas da realidade concreta: rezam muito, mas não se comprometem com nada. De fato, o intimismo não leva a nada, é só ilusão de religião. Nem por isso, todavia, deve-se aborrecer a palavra "espiritualidade", pois ela indica com perfeição do que se trata: trata-se de viver segundo o "Espírito". Como ensina S. Paulo: "Todos os que se deixam guiar pelo Espírito, esses é que são filhos de Deus" (Romanos 8,14). Esses são os verdadeiros homens "espirituais", que vivem a verdadeira "espiritualidade".

Espiritualidade consiste em deixar-se guiar particularmente por Jesus (suas palavras e seus exemplos), pelo Espírito Santo (suas inspirações interiores), pela Igreja (seu Magistério) e pela Bíblia (lida na Igreja e tal como a Igreja a interpreta).

Esses quatro sinalizadores, juntamente com os famosos "sinais dos tempos" (como gostava de falar São João XXIII), maiores ou menores, mostram-nos o caminho a seguir. Seguindo-os, nós nos tornaremos realmente "espirituais", viveremos uma verdadeira espiritualidade, isto é, viveremos de acordo com o Espírito Santo, pois é ele que está por trás de tudo o que nos acontece na vida. De nossa parte, o que falta é atenção e fé.

O que é espiritualidade

Explicitando melhor as coisas, a espiritualidade é viver a vida de cada dia, como ela é, tomando Jesus como nosso guia, nossa luz. Tudo o que nos convém, chega a nós por intermédio de Jesus: ensinamentos, palavras, exemplos, Igreja, sacramentos, Espírito Santo. Tudo isso nos ajuda a viver a vida cotidiana da forma que Jesus nos ensinou: isso é espiritualidade.

Espiritualidade não é só rezar, não é só sacramentos, não é só atos religiosos... Espiritualidade é também trabalho, estudo, relacionamentos, compromissos, lazer, alegria, enfermidade, saúde, inclusive morte... tudo vivido conforme Jesus nos ensinou.

Não é sem motivo que entre as pessoas que mais se comprometeram com obras sociais, com a transformação da sociedade e do mundo estão os santos e as santas. Quanto mais alguém se deixa guiar pelo Espírito, tanto mais se compromete com a transformação da realidade, tanto mais quer que o mundo seja evangelizado. Nesse sentido, olhemos para São Vicente de Paulo, Dom Bosco, Santa Teresa de Calcutá...

O Espírito conduz as pessoas a caminhos diversos e concede a cada uma os dons que ele quer conceder. É assim que a alguns santos e algumas santas ele concedeu dons extraordinários, como milagres, experiências místicas fora do comum. Isso, porém, não significa que nós, digamos, gente comum, não podemos e não devemos viver uma espiritualidade autêntica. Há muitos santos que nada fizeram fora do comum, não receberam dons especiais e são grandes santos.

Pois bem, viva sua vida de cada dia, viva intensamente, saboreie a vida como ela é, aceite a vida como ela vem pela frente, mas faça tudo isso sempre e só de acordo com Jesus, com o Espírito Santo, com a Igreja e a Escritura. Você será um ou uma grande "espiritual" e não se perderá por caminhos onde a falta de sinalizadores provoca acidentes e desastres.

Entre os meios que nos ajudam nesse esforço está a meditação da Palavra de Deus, a oração, o desapego dos bens terrenos, a renúncia ao mal, os sacramentos da Reconciliação e da Eucaristia, a orientação espiritual, a devoção à Mãe de Deus. Tudo nos ajuda a estarmos sempre voltados para o Senhor, sem descuidarmos de nossas tarefas terrenas.

Ou como alguém me disse uma vez: "Seja qual for a posição do corpo, a alma sempre pode estar de joelhos". Seja o que for o que fazemos durante a vida, sempre podemos "estar de joelhos" diante de Jesus, quer dizer, sempre podemos – e devemos, como seus discípulos e suas discípulas – estar voltados para ele e receber dele a luz, a palavra que nos indica o caminho.

Sigamos por esse caminho e estaremos vivendo uma autêntica espiritualidade, porque o caminho que Jesus nos indica, ele o indica por meio de seu Espírito. Como diz S. Paulo: "Os que se deixam guiar pelo Espírito, esses é que são filhos de Deus" (Romanos 8,14). Essas são as pessoas realmente "espirituais". Não precisa fazer nada fora do comum; basta seguir Jesus e seu Espírito.

O retiro espiritual é o tempo do Espírito Santo

O retiro supõe duas atitudes: *retirar-se*, isto é, afastar-se momentaneamente das ocupações habituais, por mais santas que sejam, e *entregar-se* o mais possível à guia do Espírito Santo. Ele é Luz. Com sua Luz, ele ilumina as profundidades de nosso ser, o porão de nossa existência, ajuda-nos a descobrir o que está conforme o modelo, que é Cristo, e o que está disforme em relação a ele.

Desliguemo-nos das ocupações e preocupações diárias, recolhamos as asas de nossa fantasia, concentremo-nos em nós mesmos e em Deus, façamos silêncio – tanto interior quanto exterior – e alarguemos o espaço para o Espírito Santo poder agir em nós. Quem assim fizer, sem dúvida, ouvirá sua voz, verá com maior clareza como vai a própria vida e sairá renovado, pronto a assumir a vida de cada dia sob a guia do Espírito de Cristo.

Interceda por todos nós a Santa Mãe de Jesus, que no Cenáculo implorava o Espírito Santo para todos os apóstolos, discípulos e discípulas. Nós também, assim eu creio, estávamos lá. Confiemos em sua oração por nós. Peçamos sua intercessão: *Ave, Maria...*

Palavra de Deus

– Carta aos Romanos 8,1-39
– Carta aos Gálatas 5,16-26

2º DIA

Pela manhã: primeira meditação

O sentido da vida e a fé

Se fosse possível reduzirmos um cristão a um tamanho diminuto e submetê-lo às lentes poderosas de um microscópio; melhor, se nos fosse possível submetê-lo a um ultrassom de ordem superior, nossos olhos, arregalados, contemplariam duas maravilhas: a vida e a fé.

Penso que neste mundo jamais alcançaremos compreender de modo cabal o dom da vida. Nós vivemos, nós existimos! Quantos poderiam ter recebido esse dom e não o receberam. Quantos o receberam e, de mil maneiras, foram privados dele. Quantos foram premiados com ele e, ainda em embrião, tiveram sua vida ceifada. Ao passo que nós estamos vivos, nós existimos!

Como? São Paulo, nos Atos dos Apóstolos, ensina: "Nele (em Deus) vivemos, movemo-nos e existimos" (Atos 17,28). As mãos de Deus me plasmaram, como diz o Salmo 138: "Vós formastes as entranhas de meu corpo e me criastes no seio de minha mãe... Vós conhecíeis já minha alma e nada de meu ser vos era oculto, quando secretamente era formado, modelado nas profundidades da terra (Salmo 139,13.15).

Deus inspirou em mim seu hálito de vida, e agora sua mão criadora me sustenta na existência de cada instante. Eu existo porque Deus existe, e ele quer que eu exista! Ele se serviu de meus pais para me transmitir a vida e, assim, vim a este mundo e, hoje, estou aqui. Sim, um dia, comecei a viver. No seio de minha mãe, por caminhos que só Deus conhece e que estão em suas mãos, a chama de minha vida se acendeu. Essa chama está destinada a nunca se apagar, a perdurar pela eternidade afora. Por mais que destruam meu corpo, viverei para sempre! Comecei a viver em momento determinado, não há, porém, data – jamais haverá – para apagar a chama de minha vida. Que dom é a vida! Que graça é existir! Que amor é o de Deus por mim!

Há, porém, maravilhas ainda maiores. Antes ainda que eu começasse a viver no seio de minha mãe, eu já existia desde toda a eternidade no coração de meu Deus, meu Pai e meu Criador. Posso aplicar a mim as palavras que Jeremias ouviu de Deus: "Antes de te haver formado no ventre materno, eu já te conhecia" (Jeremias 1,5); ou as palavras que Deus dirigiu a Israel: "Amei-te com um amor eterno" (Jeremias 31,3); ou então as de Deus a Israel por meio de Isaías: "Eu te chamei pelo nome; tu és meu... Sou teu Deus... Tu és precioso para mim, eu te estimo e te amo" (Isaías 43,1.3.4).

E que dizer do Novo Testamento, do início da carta aos Efésios "Bendito seja Deus, Pai de nosso Senhor Jesus Cristo, que... nos escolheu nele antes da criação do mundo... Em seu amor nos predestinou" (Efésios 1,3.4.5)? Assim, pois, desde toda a eternidade, lá estava eu guardado no coração de Deus, não em uma preexistência de almas (como defenderam alguns filósofos), mas no pensamento e no amor do Criador.

Sempre haverá quem venha ao mundo por acaso – infelizmente! –, todavia, ainda assim, penso que não há acaso no coração do Pai, e a cada ser humano que vem ao mundo podem ser aplicadas estas palavras de Deus: "Quando ainda estava no ventre materno, o Senhor me chamou, quando ainda estava no seio de minha mãe, pronunciou meu nome... Acaso pode uma mulher esquecer-se de seu filho, não ter carinho pelo fruto de suas entranhas? Ainda que ela se esquecesse dele, eu nunca te esqueceria. Eis que eu gravei tua imagem na palma de minhas mãos" (Isaías 49,1.15-16). Sendo assim, sendo querido e amado por Deus desde sempre, o dom da vida só pode fazer brotar de meu coração um cântico de ação de graças.

O sentido da vida

Eis, porém, aqui uma pergunta de fundamental importância: Por que Deus me escolheu para existir neste mundo? Qual é o objetivo de meu existir? *Qual é o sentido de minha vida?* Ele já está determinado pelo simples fato de existir, ou posso conferir-lhe um sentido específico que dependa só de mim?

Que eu não seja como aquele viajante que se sentou em um banco da estação e ficou olhando os trens irem e virem. Passou um em uma direção, passou outro em direção contrária, passaram vários de cá para lá. Finalmente, ele tomou um qualquer: para onde irá? Pouco importa! Tanto faz! Sentou-se e viajou sem saber por que viajava, sem saber para onde ia... Uma viagem sem sentido!

Não pode, não deve ser assim. A vida, em si mesma, já tem um sentido. Ela existe como expressão do Deus-Amor, para a glória do Senhor, para minha própria felicidade e para a felicidade dos outros. Criado pelo Amor, fui feito com amor e para o amor, na esperança de que tudo termine em felicidade.

De todas as criaturas, o ser humano – e o ser angélico – é o único que tem consciência de estar vivo. Todos, porém, terão consciência de que a vida é dom de Deus e um dom para os outros? De que a vida é para sua glória e para buscar minha própria felicidade? De que é para buscar a felicidade dos outros?

Aqui cabe um exame de consciência. O que fiz de minha vida até hoje? Usei-a para quê? Posso dizer que a transformei em um ato de amor-resposta ao Amor que Deus teve e tem por mim? Minha vida dá glória a Deus? Promove minha felicidade autêntica? Dedica-se à felicidade dos outros?

Preciso ter bem claro na mente – e na vida de cada dia – *o sentido de minha existência.* Fui feito para ser "de dentro para fora", não o contrário, como o pião que sempre gira sobre si mesmo e, no fim, cai por terra. Disse Jesus: "Aquele que quiser salvar sua vida vai perdê-la; e quem perder sua vida por causa de mim vai encontrá-la" (Mateus 16,25).

Vivemos, até pouco tempo, fortes momentos de globalização. Até que ponto, porém, existe uma verdadeira solidariedade, uma fraternidade globalizada. Sem sermos derrotadamente pessimistas, há tanto bem que gira pelo mundo, há tanta gente que se dá as mãos, que socorre os que sofrem e que precisam de um coração...

Infelizmente, há também muito individualismo, muita preocupação pela própria pessoa, pelos próprios interesses, pela própria realização, pelo próprio bem-estar...

Conhecemos as feridas de nosso mundo, suas misérias, suas culpas, seus pecados... Nós sabemos como somos. Não basta, porém, apontarmos o dedo para os outros. Olhemos para dentro de nós. Somos feitos "em rede", nela, um quadradinho se une ao outro: quem se desliga dos outros fica só e se perde.

Pergunte-se a si mesmo: como vivo? Para quem vivo? Para que vivo? Se eu puser minha vida nos pratos de uma balança, quanto ela pesará, quanto valerá? Recorde-se do banquete de Baltazar: mené, teqel, parsin... Deus mediu o rei, pesou-o e lhe deu fim (leia o episódio no Livro de Daniel 5,25-28).

Neste retiro: pese sua vida, meça sua vida! Sua vida é estéril, sem frutos, como a figueira estéril amaldiçoada por Jesus (cf. Mateus 21,18-20)? Há nela ramos secos? Tem coragem de podá-los? Adubou as raízes? Está esperando fazer isso um dia, sempre adiado? Que dizem os outros de sua vida? Que podem dizer? Ela é útil? Ela é boa? Ela edifica? Ela constrói, soma-se a outras vidas?

Fiquemos atentos, pois, quando menos esperarmos, o Senhor virá como um ladrão. "Assim como nos dias de Noé, também será a vinda do Filho do homem. Porquanto, assim como nos dias anteriores ao dilúvio, comiam e bebiam, casavam e davam-se em casamento, até o dia em que Noé entrou na arca, e não o perceberam, senão quando veio o dilúvio e os levou a todos, assim será também a vinda do Filho do homem" (Mateus 24,37-39).

"O Dia do Senhor vem como ladrão de noite. Quando andarem dizendo: paz e segurança, eis que lhes sobrevirá repentina destruição" (1Tessalonicenses 5,2-3). "Portanto vigiai, porque não sabeis em que dia vem vosso Senhor. Mas considerai isto: se o pai de família soubesse a que hora viria o ladrão, vigiaria e não deixaria que fosse arrombada sua casa. Por isso ficai também vós atentos; porque, à hora em que não cuidais, o Filho do homem virá" (Mateus 24,42-44).

Uma vez que nunca sabemos quando o ladrão vai chegar, fiquemos de olhos abertos. O mais importante, porém, é *o que fazer com a vida.* A vida pode ser comparada a uma folha de papel em branco e um lápis. O que farei com eles? Vou escrever o quê? Até hoje o que escrevi? Garatujas? Deixei o papel em branco? Estou fazendo uma bela redação?

Ao retornar o Senhor, o que vou lhe apresentar? Vou lhe devolver o lápis inteiro porque não o usei para nada? Usei-o para o que não devia? Gastei-o inteirinho para escrever alguma coisa bonita? Oxalá seja assim. O Pai tomará aquele toquinho que restou e o guardará em seu coração para sempre. Que assim aconteça com minha vida!

A fé é a "vida" de nossa vida

Voltemos ao microscópio, ao ultrassom. A vida é iluminada por dentro pela fé, como a luz ilumina e dá sentido e beleza a um vitral. São Paulo lembra aos efésios que não somente Deus nos amou desde toda a eternidade para que tivéssemos vida, mas para que, vivendo, nós nos tornássemos semelhantes a seu Filho. Foi para isso que Deus nos predestinou. "Ele (Deus) nos escolheu em Cristo antes da fundação do mundo, para sermos santos e irrepreensíveis em sua presença, no amor. Predestinou-nos para sermos adotados como seus filhos por intermédio de Jesus Cristo" (Efésios 1,4-5).

A fé, tal como a vida, é um dom. *É a vida divina que vivifica nossa vida humana.* No Batismo, a fé acende uma nova chama dentro da chama de nossa vida; ela dá um novo colorido à chama de nossa vida, uma nova capacidade: a vida humana se torna divina, torna-se *vida eterna.*

A fé abre a porta do mundo das realidades do céu, da vida trinitária. A fé é o início de nossa salvação. A fé abre novos horizontes, dá novo sentido à vida. Pela fé, conhecemos mais, fazemos mais, vivemos mais, servimos mais, tudo é mais pela fé. Pela fé, nossa vida humana se torna vida divina; pensamos, fazemos, amamos divinamente. Pela fé nos tornamos templos da Trindade, presenças de Jesus entre nossos irmãos, moradas do Espírito Santo. Pela fé nos unimos a todos os batizados; pela fé nos tornamos membros da Igreja. Pela fé, nós cremos; pela fé, nós esperamos; pela fé, nós amamos: amamos como Deus ama, servimos como Jesus serviu. Pela fé, conhecemos a Palavra de Deus; pela fé, produzimos obras divinas. Pela fé nos tornamos "outro", como Deus é o grande "Outro".

"Aquele que é justo, pela fé, é que viverá" (Gálatas 3,11), diz São Paulo, retomando a palavra de Habacuc 2,4. Valeria a pena reler aqui o admirável capítulo 11 da Carta aos Hebreus, que começa assim: "A fé é garantia das coisas que se esperam e certeza daquelas que não se veem"... Pela fé somos como que elevados ao mesmo nível de Deus. Pela fé são transplantados para nossos olhos os olhos de Deus, o olhar de Jesus.

Quem não conhece e já não ouviu falar do "bordado" que Deus vai realizando por meio da história de cada ser humano e da história do mundo, de que fala Santo Agostinho? As maravilhas que Deus "borda", a nós, que as vemos de cá debaixo, parecem um intrincado de fios e de nós sem sentido. Queixamo-nos, falamos mal, criticamos, lamentamos, choramos... Quando formos para junto de Deus, olhando as coisas, os acontecimentos, as pessoas, a história e o mundo do lado de cima, como ele olha, ficaremos encantados com a sabedoria e arte com que soube fazer um "bordado" tão bonito; ao passo que, olhando daqui, imaginávamos que se tratava de uma confusão de fios e de nós: um problema, um acidente, uma doença, uma morte, um contratempo...

Em que consiste, pois, a fé? Em olharmos como Deus olha, em transparência, como a carta aos Hebreus diz de Moisés: "Pela fé, deixou o Egito, sem temer a ira do rei, mantendo-se firme, como se contemplasse o Invisível" (Hebreus 11,27). Nosso olhar, portanto, deve ser bidimensional: olhar humano, olhar divino. Olhando divinamente, contemplamos por antecipação a vida eterna, que é nosso futuro.

Não se trata, porém, só de olhar, nem se trata só de crer em verdades que Deus nos transmitiu, trata-se de viver como Deus nos ensina por meio de Jesus Cristo, na força e guia do Espírito Santo.

Trata-se, mais do que tudo, de *entregar-se*, como a criancinha se atira nos braços do pai ou da mãe. Ter fé é entregar-se, é confiar-se a Deus, é deixar-se guiar por ele. Assim, a fé torna-se vida concreta e a vida concreta se ilumina e aquece pela fé. Diante de Deus, nós temos o tamanho de nossa fé. A medida de nossa fé é a medida da vida divina em nós e será também a medida de nossa glória definitiva.

Examinar minha vida e minha fé

É fundamental, no retiro, examinar a vida e a fé. Se isso não for feito, não houve retiro. Tudo o mais que fizermos será meio para viver e viver com fé. Essa primeira parte do retiro seja dedicada a isso.

Tomemos nossa vida, vamos revirá-la no avesso, vamos sacudi-la, como se sacode um pano empoeirado ou uma árvore com folhas secas. Depois, examinemos nossa fé: é autêntica, é firme, é forte, ela perpassa cada minuto do dia, cada pensamento, cada afeto, cada gesto do dia? Será pouco proveitoso dedicar-nos a inúmeras práticas de piedade, reflexões, celebrações bonitas, liturgias impecáveis, emocionantes, caso nossa vida ande fora dos eixos e, o que seria pior, se for uma vida apagada, sem luz, sem fé, sem espírito de fé.

Lembremo-nos de que, por nossa fé, devemos ser luz para todos, como disse Jesus: "Vós sois a luz do mundo. Não se pode esconder uma cidade situada sobre um monte, nem se acende a candeia para colocá-la debaixo de um móvel, mas sim em cima do candelabro, e assim alumia a todos os que estão em casa. Assim brilhe vossa luz diante dos homens, de modo que, vendo vossas boas obras, glorifiquem vosso Pai, que está no Céu" (Mateus 5,14-16).

Venha em nossa ajuda a Santa Mãe de Deus: *Ave, Maria...*

Palavra de Deus

- Livro do Gênesis 12,1-50
- Carta aos Hebreus 11,1-40

2º DIA

Pela tarde: segunda meditação

A Palavra de Deus

No domingo seguinte a minha ordenação episcopal, celebrei a primeira missa "pontifical" no Norte do Paraná, na pequena cidade de Ribeirão do Pinhal. Ali vivia minha irmã religiosa, e eu já era conhecido na paróquia local.

Como eu tinha sido nomeado bispo auxiliar da arquidiocese de Olinda e Recife, para a missa foi organizado um ofertório tipicamente "nordestino". Trouxeram um pouco de tudo, que eu ia recebendo e pondo perto do altar: cana de açúcar, mandioca, instrumentos de trabalho... De repente, vejo em minha frente um jumento montado por um garoto... Nunca tinha visto semelhante oferenda...

Aí veio a explicação: "O senhor vai trabalhar no Nordeste; seja como o jumento (ou "jegue", como lá é chamado), que, além de ser animal manso, humilde, paciente, persistente, tem orelhas grandes; o senhor também procure ter orelhas grandes e bem abertas para ouvir o sofrimento do povo". Nesse momento, como se o jegue tivesse entendido, endireitou as orelhas!

Compreendi a lição: estar sempre de ouvidos atentos aos outros é a primeira condição para acolher uma pessoa, compreendê-la e fazer-lhe o bem. Essa mesma atitude é a que Deus espera de nós: *ouvidos atentos ao que ele diz, prontidão em dar a resposta e decisão em executar sua vontade.* Nisso consiste a fé!

A lição vale para todos. São Paulo diz que "a fé vem pelo ouvido" (Romanos 10,17). Não por nada Deus nos deu dois ouvidos e uma só língua... Por que será? Porque precisamos mais ouvir do que falar! Deus fala continuamente, de mil maneiras. Seus concorrentes, porém, são muitos: pensamentos e afetos, ocupações e preocupações, amigos e conhecidos, meios de comunicação social de todo tipo... tudo fala sem parar... A quem dou mais atenção: a Deus que fala ou ao mundo que grita? Para ouvir a Deus, é preciso "levantar as orelhas", ou seja, prestar atenção.

A fé é, antes de tudo, *atenção amorosa à Palavra do Pai*: ela vem a mim por intermédio de Jesus e de sua Igreja, sob a guia do Espírito Santo. Minha vida de discípulo e discípula de Jesus se resume nisto: ouvir a Palavra de Deus e fazer o possível para colocá-la em prática a cada dia. É assim que viverei a "vida eterna", a vida divina que Deus me comunicou no Batismo. Isso supõe que eu preste atenção a sua Palavra; que eu volte atentamente "as orelhas – os ouvidos – para o alto", como o jegue de Ribeirão do Pinhal.

O silêncio

Palavra pede silêncio. Nosso mundo é o mundo do barulho. É impressionante como, sobretudo, os jovens – sobretudo, mas não só eles – se dedicam a coisas muito diferentes, ao mesmo tempo em que enchem os olhos e os ouvidos com as imagens e os sons mais disparatados. A pessoa estuda, pensa, escreve, lê... enquanto também ouve música, viaja pela Internet, digita um texto, atende o telefone, vê televisão... Não é possível que um ser humano esteja "atento" a tudo isso contemporaneamente. O mal de tudo isso é que a pessoa se torna superficial, vai perdendo, aos poucos, a capacidade de entrar em si mesma para confrontar-se com a Palavra de Deus, fazer oração...

Por quê? Porque tudo isso pede silêncio! O silêncio dói nos ouvidos de quem está habituado a tê-los sempre cheios de barulho. É preciso também fazer silêncio com os olhos e com a fantasia para poder prestar atenção a alguma coisa. De quanto silêncio precisamos para ouvir e acolher no coração a Palavra de Deus, que, às vezes, toma até mesmo forma de absoluto silêncio da parte dele?

Ouvir para poder dialogar

O silêncio é condição indispensável para ouvir. Silêncio para ouvir, ouvir para compreender, compreender para dialogar. O silêncio nos permite "entrar" em quem fala. Na câmara íntima da pessoa que fala, procuramos observar atentamente a palavra que ela pronuncia, saboreamos seu conteúdo, avaliamos seu peso, como que a tomamos na mão, analisamo-la por todos os lados, nosso intelecto a disseca... enfim, procuramos compreender seu verdadeiro sentido; em seguida, deixamos que ela caia no coração, sentimos sua repercussão dentro de nós, para depois elaborarmos nossa resposta, que oportunamente chegará a nossos lábios e passará, por sua vez, aos ouvidos da pessoa com quem conversamos, que, por sua vez, no silêncio, acompanhará dentro de si o itinerário de nossa palavra, a fim de que o diálogo continue.

Acontece com frequência que, enquanto nosso interlocutor fala, nós já vamos elaborando em nosso pensamento uma resposta. Chegamos até a interromper o interlocutor para antecipar nosso pensamento, como quem diz: já sei o que você quer dizer, sei aonde você quer chegar, eu tenho a resposta na ponta da língua...

Esse tipo de diálogo não constrói nada, cria frustração e até machuca. Silenciar, ouvir, olhar nos olhos, procurar captar, até mesmo, as expressões do rosto e do corpo..., tudo isso fala, e nós precisamos compreender para poder oferecer nossa ajuda com algum tipo de resposta.

Será que com Deus não é a mesma coisa? Jesus abriu os olhos aos cegos e os ouvidos aos surdos. Seu gesto era obra de piedade para com pessoas diminuídas em suas capacidades, mas foi também significativo de uma realidade mais elevada. Jesus veio ao mundo para silenciar o barulho que fazemos e para abrir nossos ouvidos à Palavra de Deus.

Esse é o sentido do pequeno rito de tocar os ouvidos da criança no momento do Batismo e dizer a palavra que Jesus disse ao curar um surdo: "Éfeta", quer dizer, "abre-te"! Sim, é preciso abrir nossos ouvidos e fazer silêncio, porque nosso Pai nos quer falar por meio de seu Filho. Na Transfiguração, ele nos disse: "Escutai-o" (Mateus 17,5). Jesus, de fato, é a Palavra do Pai.

Deus nos fala

Os Santos Padres – bispos santos e escritores dos primeiros séculos – diziam: "o Pai é Silêncio". Sua única palavra foi o Verbo, o Filho. No Filho, o Pai se expressou por completo. Assim, pois, o Pai pronunciou uma só palavra que tudo contém. Diz a Carta aos Hebreus: "Deus falou-nos por meio do Filho, a quem constituiu herdeiro de todas as coisas, e por meio de quem fez o mundo" (Hebreus 1,2).

Portanto *tudo é Palavra de Deus.* A primeira Palavra de Deus é a *Criação.* No vazio do nada, fez-se ouvir o primeiro "Faça-se". Cada criatura exprime um pensamento, uma Palavra de Deus. Em um crescendo que nos deixa encantados, falam os minerais, os vegetais, os animais, os seres humanos; a harmonia do todo, a exatidão das leis físicas, o que se vê ao microscópio e o que só os telescópios são capazes de mostrar.

Tudo fala em nome de Deus, pois tudo traz a marca de seu poder e de sua bondade. Por consequência, estamos mergulhados e impregnados de Palavra de Deus. Não a percebemos? Se juntássemos a perfeição, a beleza, o poder, todas as qualidades de cada criatura, da mais minúscula à mais imensa, talvez, teríamos alguma ideia da beleza, do poder, da grandeza e do amor do Criador.

Por outro lado, é mais bonito saber que tudo isso não está concentrado em um ponto só, mas esparramado por toda a parte, como alguém que aspergiu o universo com pincéis de infinitas cores. Tudo está tão bonito, tão colorido, mas não percebemos? O que está faltando, então: a Palavra de Deus ou que se abram nossos olhos e nossos ouvidos? Nós não podemos ficar distraídos ou dormindo enquanto Deus nos fala.

A capacidade de "contemplar" é que nos falta. Olhamos tudo tão depressa, corremos tanto atrás de nossos interesses, que nos tornamos cegos e surdos ao clamor de Deus, que, em cada criatura sua, transmite-nos uma mensagem. Não só: da florzinha à montanha, do mar às estrelas, sobe a Deus um hino de adoração e louvor, mas é preciso que esse hino seja cantado também por nós e de forma mais consciente do que elas.

Foi para isso que o Criador nos constituiu "sacerdotes" da criação, para que emprestemos às coisas a consciência que elas não têm. Paremos, pois, diante do espetáculo que a criação nos oferece a cada momento; paremos, reflitamos, meditemos, contemplemos e começaremos a ouvir uma voz muito conhecida, a voz de nosso Pai, que, criando-nos, fez-nos filhos seus.

A voz do Filho

Jesus disse muitas coisas. Todavia, mais que as palavras de Jesus, *o próprio Jesus é a Palavra.* Como lembra a Carta aos Hebreus, "Muitas vezes e de muitos modos, Deus falou... Nestes dias, que são os últimos, Deus falou-nos por meio do Filho" (Hebreus 1,1-2).

Portanto nossa primeira atitude para com Jesus é a de pôr os olhos sobre ele, ouvir o que sua pessoa de Filho de Deus e Filho do Homem tem a nos dizer. O que significa em si mesmo ser Filho de Deus? O que significa ser Filho de Deus que se faz Homem? Jesus é um livro que os santos e as santas leram continuamente, descobrindo nele sempre uma palavra nova, oportuna para cada momento da vida. Assim, pois, antes de tudo, trata-se de *conhecer Jesus.*

Todos sabemos que "conhecer", na Bíblia, significa experimentar, provar, saborear. Mais que a inteligência, é o amor que nos dará esse tipo de conhecimento. Amar a Deus sobre todas as coisas, antes de tudo, é amar Jesus, pois ele é Deus conosco. Se amamos Jesus, não nos será difícil contemplar sua pessoa, seu agir, seu falar, seu modo de relacionar-se, seu trato com as pessoas... tentando capturá-lo em câmera lenta. Nas atitudes de Jesus para consigo mesmo, com seu Pai, com sua família, seus apóstolos, os pecadores, as turbas, os inimigos, os algozes..., descobrimos a grande lição do que deve ser o ser humano.

O Concílio Vaticano II nos ensina que "o mistério do homem só se torna claro verdadeiramente no mistério do Verbo encarnado" (*Gaudium et Spes* 22). Todos sabemos que Cristo não é propriamente o segundo Adão; na realidade, ele é o primeiro Adão, ou seja, o primeiro Homem, pois o ser humano foi pensado, querido e criado segundo o modelo existente na mente do Pai: esse modelo era seu Filho, Jesus Cristo. Cumpre, pois, olharmos para Jesus, se quisermos saber como devemos ser seres humanos segundo o plano de Deus.

Palavra de Deus são, de modo especial, as palavras de Jesus, que os Evangelhos recolhem e nos referem. Palavras de sabedoria e santidade. Jesus disse: "Eu sou o Caminho, a Verdade e a Vida" (João 14,6).

É ouvindo sua Palavra que o ser humano encontra o caminho reto, corrige seus erros e vence a morte. A Palavra de Jesus é a porta luminosa que se abre diante de nós: por ela teremos acesso à plenitude da vida e da verdade, que são os anseios mais profundos do coração humano. As palavras de Jesus são o convite para que sigamos seus passos.

Seguir os passos de Jesus significa, precisamente, acompanhá-lo para ouvir sua voz. Como Pastor, ele chama continuamente suas ovelhas. Ele quer que o sigamos por todos os caminhos por onde ele andou e façamos parte das turbas que o ouviam; de modo especial, que sejamos do grupo de seus discípulos e suas discípulas que se comprometem a praticar sua Palavra. Pela boca de Jesus, o Pai nos comunica toda a sua vontade. A respeito do que devemos fazer não pode haver maior certeza do que as Palavras de Jesus nos transmitem.

A Palavra de Deus na Igreja

Jesus continua a viver e a falar em sua Igreja. Seu Corpo, sua Esposa, Povo de Deus, feito de santos e pecadores, a Igreja, como em um oceano, recolhe toda a palavra revelada e diariamente a prepara e oferece para nosso alimento na Liturgia.

É isso que entendemos quando falamos de Tradição, de Magistério Vivo, de Depósito da Fé: tudo foi confiado à Igreja, inclusive a própria Sagrada Escritura, e cabe à Igreja pôr esse livro em nossas mãos, lê-lo devidamente, interpretá-lo autenticamente.

É por isso que no "Creio" dizemos, não somente, "Creio na Igreja", mas também "Creio a Igreja", pois ela condensa em si todo o Mistério de Cristo, toda a sua Palavra. É a Igreja que, instruída pelo Espírito Santo, aos poucos, compreende sempre mais o sentido do que Cristo nos disse.

Ele mesmo prometeu a seus apóstolos o Espírito Santo, que, entre outras coisas, desempenharia essa função. Jesus disse: "Quando ele vier, o Espírito da Verdade há de guiar-vos para a Verdade completa" (João 16,13). Portanto não é de admirar que a Igreja, progressivamente, através dos séculos, tenha compreendido melhor, exposto melhor, definido melhor alguns pontos de nossa fé. Também não é de admirar que, no futuro, isso venha a acontecer novamente.

É missão da Igreja ensinar, orientar, aconselhar, corrigir, condenar os erros, enfim, apontar o caminho, sustentar a fé, oferecer a seus filhos e suas filhas o alimento sadio da Palavra de Deus. Aliás, esta é a primeira e fundamental missão da Igreja: anunciar Jesus Cristo e seu Evangelho. Por isso precisamos ter nossa lâmpada da fé acesa, a fim de podermos discernir, com a Igreja, a Verdade de Jesus; e precisamos ter o coração aberto para acolhê-la com a docilidade de verdadeiros discípulos e verdadeiras discípulas.

As Sagradas Escrituras

Sem dúvida, a Sagrada Escritura merece um respeito muito especial. *Escritura e Igreja se integram reciprocamente*: se a Igreja me põe nas mãos a Bíblia, por sua vez, a Bíblia me mostra como a Igreja é realmente obra de Cristo. Não há, pois, como separar Igreja e Escritura. Esta merece respeito especial também por sabermos que o Espírito Santo a inspirou.

O mesmo Espírito Santo, porém, está presente em sua Igreja e a orienta de tal modo que nunca possa falhar. Trata-se, em última análise, de algo semelhante a um mistério: devemos aceitá-lo como um todo; sempre que pretendermos parcelá-lo, acabamos perdendo uma parte. Dizendo, portanto, que cremos em tudo o que a Igreja nos transmite, estamos crendo também no conteúdo inspirado da Sagrada Escritura, que é sempre digna de particular veneração, como ensinava São Jerônimo: "Ignorar as Escrituras é ignorar o próprio Cristo".

Finalmente, a Escritura deve ser lida *por inteiro e à luz da pessoa de Jesus Cristo*. Não é lícito fixar-se só no Antigo Testamento, ou só no Novo, ou selecionar textos em apoio de nossos interesses, de alguma ideologia, de algum magistério paralelo... Tudo isso significaria pôr a Bíblia a nosso serviço, pôr o próprio Deus a nosso serviço. É a isso que leva também o fundamentalismo, que não dá atenção à interpretação autêntica da Bíblia, tal como a Igreja nos propõe.

Finalmente, convém lembrar que, na Bíblia, a revelação de Deus é *progressiva*, que os dois Testamentos *se completam*. Portanto em nada ajuda a reta compreensão da Palavra de Deus fixar-se só em um livro, sem lê-lo no contexto dos demais.

A Palavra de Deus na História

Deus fala diariamente também por meio dos acontecimentos grandes e pequenos de que é tecida a história. Como em um grande mosaico, os seres humanos vão inserindo suas pedrinhas: nem sempre são bonitas, mas Deus é o artista que comanda a confecção do mosaico e nada escapa de suas mãos. Ele, o Senhor da História, sabe servir-se dos acontecimentos para nos fazer compreender sua vontade. Por trás da fachada de momentos bons e ruins da humanidade, está o Espírito Santo, que, oportunamente, conduz as vontades a um fim positivo. Essa garantia nós a temos e ela não falhará.

Nem sempre é fácil ler e compreender devidamente os sinais dos tempos. Alguns são patentes, outros, porém, exigem boa capacidade de discernimento, oração, reflexão, aconselhamento. Seja como for, estamos diante da autêntica Palavra de Deus, que exige atenção e disponibilidade. Às vezes, é sofrido o caminho que conduz a sua compreensão.

Quem nos dá exemplo de como ler os acontecimentos da história são os santos e as santas. Souberam captar o sentido das coisas, enveredaram pelos caminhos indicados pelo Espírito do Senhor e fizeram frutificar a Palavra de Deus em obras, sobretudo de caridade e frutos de santidade.

É preciso que nos habituemos a olhar para dentro de nós e para nossos lados, pois o Espírito Santo está sempre indicando o caminho a seguir. Não podemos ficar distraídos ou dormindo. Como o pequeno Samuel, precisamos estar vigilantes, pois, a qualquer momento, Deus nos pode chamar pelo nome. Dele diz a Bíblia que ele "não negligenciava nenhuma das Palavras de Deus" (1 Samuel 3,19).

O itinerário da Palavra de Deus

Para terminar, poderíamos esquematizar o *itinerário da Palavra de Deus* em nós da seguinte forma: ela entra por nossos ouvidos, sobe à inteligência, desce ao coração e vai aos braços para produzir seus efeitos. Na inteligência acende a luz; no coração inflama o amor e fortalece a vontade; nos braços infunde força para transformar-se em obras.

A Palavra de Deus – e sua correspondente, a Fé – sem obras é morta, como lembra São Tiago (cf. Tiago 2,14-19). Portanto ela deve ser acolhida em nós de mente e coração abertos para que frutifique em caridade e santidade, do contrário, Deus terá falado em vão. Como diz o provérbio: pior surdo é aquele que não quer ouvir.

Jesus entrou em Jerusalém montado em um jumento. O jumento carregava a própria Palavra de Deus (o Verbo feito Homem), mas não sabia... Que isso não aconteça conosco. Vivemos mergulhados na Palavra de Deus, ela nos envolve dos pés à cabeça, mostra-se a nossos olhos, entra por nossos ouvidos... Se não a acolhermos, seremos, de acordo com a parábola do Semeador, como o caminho poeirento onde as aves logo comeram a semente; ou como o terreno pedregoso onde não foi possível que a semente germinasse; ou como a terra cheia de espinhos que logo sufocou a plantinha que acabava de germinar (cf. Mateus 13,3-7). O Evangelho, porém, conclui, dizendo: "Outras (sementes) caíram em terra boa e deram fruto: umas, cem; outras, sessenta; e outras, trinta. Aquele que tiver ouvidos ouça" (Mateus 13,8-9).

Venha em nossa ajuda a Santa Mãe de Deus: *Ave, Maria...*

Palavra de Deus

- Primeiro Livro de Samuel 3,1-21
- Evangelho de São João 1,1-18

3º DIA

Pela manhã: primeira meditação

O encontro pessoal com Jesus

Fatalmente, na vida, *você acaba esbarrando em Jesus,* por bem ou por mal. Por que será? Porque Jesus foi constituído "pedra de tropeço", "sinal de contradição". Disse-o o velho Simeão a Maria: "Este menino está aqui para queda e ressurgimento de muitos em Israel e para ser sinal de contradição" (Lucas 2,34). Das duas, uma: ou você acolhe Jesus ou o rejeita. Se você o rejeita, a tropeçada é sua, porque ele sempre permanece de pé.

Jesus começou cedo a ser pedra de tropeço para muita gente. Exemplos: Herodes quis matá-lo quando ele ainda não tinha dois anos de idade. O diabo o tentou de todas as maneiras. Seus conterrâneos ameaçaram atirá-lo do alto de um precipício. Fariseus, sumos sacerdotes, mestres da lei... armavam-lhe ciladas. Judas planejou e pôs em prática sua desastrada e triste traição. Anás, Caifás e sua turma condenaram Jesus iniquamente. Pedro tropeçou vergonhosamente ao negar seu Mestre. Pilatos e Herodes foram infames com Jesus. Os soldados romanos e a multidão acabaram com ele. E sob a cruz não havia quem zombava dele?

Pois é, para toda essa gente Jesus foi pedra de tropeço, sinal de contradição, foi "problema". Faz mais de 20 séculos que a história se repete. Hoje, todo aquele que conscientemente rejeita Jesus, sua Palavra, seu Evangelho, sua Igreja, todo aquele que pretende desviar-se dele acaba tropeçando nele; e qualquer tropeçada é sempre dolorida. Sim, porque Jesus está sempre a caminho... e fatalmente cria "problemas" para quem o rejeita; aliás, ele mesmo é "o problema". Ao passo que para quem o acolhe é sempre "solução", é sempre "salvação".

Você, apesar de se dizer amigo(a) de Jesus, de acolhê-lo, tem "tropeçado" em Jesus? Não sejamos presunçosos! Não digamos: comigo essas coisas não acontecem, nunca acontecerão.

Histórias de encontros com Jesus

Conta a lenda que S. Pedro, estando em Roma, assustou-se com a perseguição aos cristãos e planejou fugir. Não seria a primeira vez que ele daria para trás... Disfarçou-se o máximo que pôde, esgueirou-se ao longo dos muros, enveredou pela via Appia (estrada romana ainda existente em parte) e, de cabeça baixa, passo apressado, caminhou rápido, ruminando seus planos; sim, certamente conseguiria fugir em tempo... Não tinha coragem de olhar para frente. Quando finalmente levantou os olhos, percebeu ao longe um homem que se aproximava. Apurou a vista, e eis que ele reconheceu o caminhante: era Jesus! Jesus, que carregava uma cruz às costas...

– Jesus, o Senhor por aqui? O que veio fazer em Roma?

– Pedro, venho a Roma para ser crucificado novamente!...

Pedro gelou de alto a baixo. Não conseguia manter seus olhos fitos nos de Jesus. Abaixou-os, envergonhado. Lembrou-se de que, em outra ocasião em que correra perigo, ele tinha "fugido" da situação e negara seu Mestre. Acordando para a realidade do encontro com Jesus, Pedro deu meia-volta e retornou a Roma: lá o esperava a cruz! Pregado nela, pediu que o virassem de cabeça para baixo, sentindo-se indigno de morrer da mesma forma que seu Senhor.

O encontro de Jesus com Pedro salvou Pedro e a Igreja! Dessa forma, para Pedro Jesus passou de "problema" para "solução". Como isso foi verdade para muitos no Evangelho! Eis alguns exemplos: os pastores e os reis magos em Belém; o velho Simeão e a profetisa Ana na apresentação de Jesus no templo; João Batista ao batizar Jesus no Jordão; João e André, depois Pedro, depois Filipe, depois Bartolomeu... os doze apóstolos; os convivas nas bodas de Caná; Nicodemos, o fariseu, um dos chefes dos judeus; Levi (Mateus), o publicano.

Mais: os que foram curados de seus males, perdoados de seus pecados, libertos do poder do demônio; os saciados pelos pães e peixes multiplicados; a menina, o jovem de Naim, Lázaro, ressuscitados dos mortos; Marta, Maria, Madalena, as santas mulheres que acompanhavam Jesus; os gregos que pediram: "Queremos ver Jesus"; o cireneu que ajudou Jesus a carregar a cruz; Dimas, o bom ladrão, que, na última hora, "roubou" o céu...

Como seria bom ler todo o Evangelho sob o prisma dos "encontros salvadores" com Jesus! Na estrada da vida, de um modo ou de outro, em um ou noutro dia, todos nos encontramos com Jesus. Felizes de nós, se nos deixarmos "seduzir" por ele, acolhermos sua Palavra e o seguirmos.

Jesus é a solução

Não pensemos, porém, que jamais Jesus será problema para nós. Examine bem sua vida: você não se dá conta das muitas tropeçadas que deu nele? Das repetidas traições? Pouco importa que sejam grandes ou pequenas. *Faça de Jesus sua "solução",* nao "pedra de tropeço", porque ele é o Caminho, a Verdade, a Vida, a Paz, a Luz, a Ressurreição.

Não se trata de ficar no nível do romantismo religioso, do sentimentalismo, das emoções... Trata-se de encontrar-se realmente com Jesus e, de fato, procurar segui-lo, como ele disse: "Se alguém quiser vir após mim, renuncie a si mesmo, tome sua cruz, cada dia, e siga-me. Pois quem quiser salvar sua vida a perderá; e quem perder sua vida por causa de mim a salvará" (Lucas 9,23-24). A "solução" trazida por Jesus consiste em aderir a ele, observar sua palavra, renunciar a tudo o que se opõe a ele, entregar-se ao serviço do próximo, como ele mesmo o fez.

Meu primeiro e grande encontro com Jesus ocorreu *no Batismo.* A fé de meus pais e padrinhos, de meus familiares, de minha comunidade iluminou o rosto de Jesus, ele sorriu para mim e eu também sorri para ele. Esse haveria de ser o primeiro de uma série de encontros que se repetem diariamente há muitos anos e que, jamais, quero que acabem, até o encontro definitivo na glória.

Particularmente, *esses encontros se renovam,* toda vez que eu procuro meu Senhor nos sacramentos da Reconciliação e da Eucaristia; toda vez que me ponho a ouvir sua Palavra; toda vez que presto meu serviço aos irmãos; toda vez que cruzo com alguém que carrega a miséria da vida no corpo ou na alma.

Jesus anda continuamente por aí à procura de amigos para trocar um olhar, para dizer uma palavra, para ouvir um pedido, sobretudo um pedido de misericórdia. Enfim, a cada momento, nos acontecimentos bons ou ruins da vida, sempre posso ver, se tiver fé, o rosto invisível de Jesus e encontrar-me com ele.

Por acaso eu ando de olhos fechados? Que tenho feito dos olhos que a fé transplantou em mim? Tornei-me surdo às palavras do Senhor? Minha inteligência se embotou e não compreendo mais as realidades invisíveis, mergulhado como estou até o pescoço nas coisas e preocupações da vida? Meu coração secou a ponto de não ter um pingo de amor por aquele que por mim morreu e ressuscitou?

Jamais, porém, haverá um encontro significativo com Jesus, se a memória de meu primeiro encontro no Batismo tiver morrido dentro de mim. Por isso voltemos a esse primeiro amor, que foi um amor à primeira vista.

O Batismo me "enxerta" em Jesus

Eu tinha 10 anos e queria ser padre. Com essa pouca idade, fui morar na casa paroquial com os religiosos Salesianos de Dom Bosco de Rio dos Cedros (SC), que respondiam pela paróquia de minha terra. Eram o P. Marcílio Lobo, paulista, pároco; P. João Delsale, gaúcho, vigário paroquial; e o Irmão Vicente Mola, italiano, sacristão e serviços gerais.

Eu ajudava como sabia e podia: era coroinha, tocava os sinos, servia à mesa, fazia de "office boy" para o que desse e viesse; em particular, cuidava das "conduções" dos padres: o cavalo do P. João e a mula do P. Marcílio...

Ao redor da igreja era tudo verde; crescia uma graminha bonita e apetitosa; era ali que os dois animais pastavam. A mula, mais "inteligente" que o cavalo, descobriu que na entrada da igreja havia duas pias de água benta. Além de benta, a água era levemente salgada para não se corromper, como mandava a praxe. A mula adorava aquela aguinha com sabor de sal, enxugava as pias; sentia-se feliz por matar a sede no templo do Senhor, sob o olhar complacente da Imaculada Conceição, padroeira da paróquia. Assim era. Entretanto, por mais água benta que ela tenha bebido, nunca se tornou cristã...

A mula do P. Marcílio me leva a pensar em nós, que bebemos da água viva que brota do coração de Cristo e que tão pouco nos tornamos cristãos... *Antes de tudo, preciso ser autenticamente cristão!* Essa água viva é mais do que tudo, a vida divina que invadiu todo o meu ser – corpo e alma – no momento do Batismo. A vida divina me fez um "pequeno deus". Estou, porém, consciente disso? Eis toda a questão: ter consciência, ser coerente, viver sabendo e querendo o que Deus quer de mim.

No percurso de nossa vida, "bebemos" abundantemente de tudo o que sabe e cheira a religião. Pode-se dizer que vivemos "bebendo água benta"; entretanto, pouco nos tornamos de fato cristãos. Por que será? Antes de tudo, porque o Batismo não teve incidência em minha vida. Foi um acontecimento da infância que, aos poucos, se desfez nas brumas do tempo; dele sobrou – se é que sobrou... – a lembrança que jaz amarelada no fundo de alguma gaveta; não penetrou, porém, no profundo do coração.

Hoje, haveria uma conversão geral – e o retiro é essa oportunidade bendita – se nós retomássemos o caminho de nosso Batismo e enveredássemos pela estrada que leva ao centro de nosso coração. O que encontraríamos ali? Encontraríamos todos os dons divinos que o Batismo nos propiciou: não são poucos, nem pequenos.

Os dons do Batismo

De fato, pelo Batismo:

– Foi aniquilado em mim o pecado original.

– Veio morar em meu corpo e em minha alma a Santíssima Trindade, Pai, Filho e Espírito Santo.

– Foi infundida em mim a vida divina, que me tornou filho de Deus.

– Recebi as virtudes da fé, esperança e caridade, que me permitem entrar em comunhão com o próprio Deus.

– Recebi também os dons do Espírito Santo, que "divinizam" minha inteligência, vontade e liberdade.

– Fui "enxertado" em Jesus Cristo ressuscitado e formo com ele – e com todos os meus irmãos que receberam o Batismo – um só Corpo, um só Povo de Deus, uma só Igreja: passei, assim, a pertencer à comunidade dos discípulos e das discípulas de Jesus.

– Foi impresso em mim o "caráter", isto é, a marca de minha pertença a Cristo Senhor.

Tudo isso é obra do Batismo. Esse é o resultado de meu primeiro encontro com Jesus. Você está consciente disso? Pensa nisso de vez em quando? Procura viver coerentemente com toda essa realidade viva e divina que carrega em seu coração?

Toda a água divina que você "beber" ao longo da vida deve servir para viver a realidade do Batismo, que é a vida divina. Palavra de Deus, oração, Eucaristia, Reconciliação, devoção a Nossa Senhora, práticas religiosas..., tudo terá sentido, somente se for para viver como filho de Deus, produzindo as obras de Deus, amadurecendo os frutos do Espírito, particularmente o amor aos irmãos. Tudo isso é meio para reavivar nosso primeiro encontro com Jesus. Em resumo, é preciso que o Batismo torne-se a *realidade fundadora* de minha vida de fé, de minha vida divina, de minha vida cristã.

Você percebe, então, que, para ser autenticamente cristão(ã), não bastam práticas religiosas, por mais abundantes e bem-feitas que sejam. É preciso que elas se transformem em vida cristã concreta no caminhar de cada dia. Todas essas coisas são meios para alcançar o objetivo maior, que é viver a mesma vida de Deus, que, depois da morte, se expandirá na vida eterna gloriosa e feliz.

Já lembramos uma palavra de Bento XVI: "Nosso futuro é a vida eterna". Mas a vida eterna começa no Batismo e deve ser vivida todos os dias. Para alimentá-la, é que "bebemos" da água viva, que Jesus, por meio de sua Igreja e do Espírito Santo, oferece-nos todos os dias.

Não faça como a mula do P. Marcílio; beba, sim, beba o mais que puder, mas esforce-se para ser, o mais que puder, cristão ou cristã, filho ou filha de Deus, irmão ou irmã de todos. Faça de seu Batismo seu ponto de partida, seu esforço de caminhada, sua meta de chegada. Então será sincero discípulo ou sincera discípula de Jesus, autêntico(a) membro da Igreja. Não basta "beber água benta" em quantidade!

Venha em nossa ajuda a Santa Mãe de Deus: *Ave, Maria...*

Palavra de Deus

- Evangelho de São João 4,5-12
- Evangelho de São Lucas 21,13-35
- Carta aos Romanos 8,28-39

3º DIA

Pela tarde: segunda meditação

Ser Igreja Discípula-Missionária

Eis o que, um dia, aconteceu em um lugar distante. Um homem plantou árvores na encosta de uma montanha. Eram plantinhas frágeis, mal podiam manter-se de pé. Uma delas olhou ao redor e disse – Eu aqui no meio das outras? Quem vai olhar para mim, perdida no meio de tantas colegas, por sinal, todinhas iguais? Vou-me embora daqui. Vou "me plantar" no alto daquela outra montanha: lá todo mundo vai me ver! E foi... As árvores cresceram, a montanha se cobriu de verde, um espetáculo majestoso.

A árvore solitária também cresceu e deleitava-se consigo, dizendo: – Todo mundo olha para mim! Quem distingue "alguma" árvore no meio daquela floresta do outro lado da montanha? E a árvore estava feliz em sua solidão...

Veio uma tempestade: vento, trovões, raios, chuva, a floresta baloiçava, contorcia-se... mas as árvores, uma se apoiando na outra, ficaram de pé. Passada a tempestade, a floresta inteira voltou-se para o outro lado da montanha. As árvores, aflitas, perguntavam-se: – O que será que aconteceu com nossa amiga solitária? Lá estava ela: caída no chão, raízes à mostra, tronco partido, galhos quebrados, desfolhada. A solidão a tinha matado!

Ser Igreja

Aprendamos a lição: não somos cristãos sozinhos, discípulos solitários, por conta própria; fazemos parte da "floresta" da Igreja, somos membros do Corpo Místico de Cristo, ajudamos a compor o Povo de Deus. Não somos, não podemos cada qual viver por conta própria. Somos cristãos porque, pelo Batismo, fomos "enxertados" no Corpo de Cristo, agregados à comunidade de Jesus. Não somos "ilhas", não somos "piões" que giram em torno de si mesmos, não vivemos cada qual dentro da "própria toca".

Aos membros de nossa Igreja falta muito a consciência de "ser Igreja", de trabalhar como Igreja, de rezar como Igreja, de viver como Igreja. Mesmo vivendo cada um sua vida, todo o batizado está solidariamente unido a Jesus e a todos os que, pelo Batismo, estão unidos a Jesus. Isso é o que se chama "comunhão dos santos". Isso é impossível de ser deletado: de dia e de noite, dormindo ou acordados, comendo ou passeando, estudando ou trabalhando, sofrendo ou nos divertindo, *estamos sempre "juntos"*. Como ensina S. Paulo: "Quer na vida, quer na morte, pertencemos ao Senhor" (Romanos 14,7). Pode-se também dizer: "Quer na vida, quer na morte, pertenço ao Corpo de Cristo, ao Povo de Deus, à comunidade da Igreja".

Somos "floresta eclesial, crística", não árvores solitárias! Há muito individualismo na Igreja. Há muitas pessoas que se sentem cristãs por conta própria: vivem "sua" religião sem tomar consciência de que não estão sozinhas; fazem "sua" oração, "suas" promessas, "suas" romarias, acendem "sua" vela, buscam "seus" sacramentos, pedem "suas" graças... tudo individual, tudo individualista, nada comunitário, nada eclesial. São árvores solitárias!

Aprenda, pois, essa lição. Aprenda a ser Igreja, a viver como Igreja, a rezar como Igreja. Aprenda a dizer: "Pai, nosso... Venha a nós o vosso Reino... O pão nosso... Perdoai-nos as nossas ofensas... Não nos deixeis cair... Livrai-nos do mal": tudo no plural! Cada um de nós é plural! Fazemos parte da floresta. Não teime em ser árvore solitária: uma tempestade pode acabar com você!

Leigos e Leigas

Relatos de um Peregrino Russo. Conhece? É um livro admirável, de autor desconhecido do século 19. Um desses livros que lemos de um só fôlego e que temos sempre vontade de reler. O texto completo abrange sete relatos e é conhecido no mundo inteiro sob o título de *O Peregrino Russo.*

O livro começa assim: "Pela graça de Deus, sou homem e cristão; pelas ações, grande pecador; por estado, peregrino sem abrigo, da mais baixa condição, sempre vagando ao léu da sorte. De meu, tenho às costas uma sacola de pão seco, em minha jaqueta a Santa Bíblia, e eis tudo". Admirável síntese! Reparou como o texto começa? *Pela graça de Deus.*

O antigo *Catecismo da Primeira Comunhão* começava mais ou menos da mesma maneira. Pergunta – És cristão? – Resposta – Sim, sou cristão *pela graça de Deus.* Que graça é essa? *A graça do Batismo.* A graça do Batismo me faz cristão, discípulo de Cristo, membro do Povo de Deus.

O Povo de Deus não é um agregado caótico, mas uma comunidade organizada. Eis a razão pela qual, nele, há pastores, ou seja, pessoas que têm responsabilidades especiais na comunidade. Essas responsabilidades, especificamente, por disposição do próprio Cristo, consistem em anunciar a Palavra de Deus, santificar os fiéis por meio dos sacramentos e pastorear (governar) o rebanho de Jesus.

Na realidade, pelo Batismo, todo leigo é constituído sacerdote, profeta e pastor (rei): é o que se costuma chamar de *sacerdócio dos fiéis.* Realmente, pela união com o Senhor Jesus (Cabeça do Corpo Místico), todo batizado participa de sua missão de sacerdote, profeta e rei. Participa a seu modo, como diz o Concílio Vaticano II, diversamente da maneira de participar dos que receberam o sacramento da Ordem: bispos, padres e diáconos.

O que caracteriza especificamente os leigos é sua índole secular (o mundo das realidades temporais). O Concílio enumera, em particular, os objetivos a serem visados com a participação dos leigos: a evangelização e santificação das pessoas, a reforma da ordem temporal e a ação caritativa, considerada o segredo do apostolado cristão.

Os campos do apostolado leigo, apontados pelo Concílio, são as comunidades da Igreja, a família, a sociedade em geral, o âmbito nacional e internacional, o mundo do trabalho, a política, a cultura, enfim, as chamadas realidades terrenas. As modalidades de colaboração são sem número, todas, porém, exigem uma sadia espiritualidade cristã.

Graças a Deus, a partir do Concílio Vaticano II, cresceu enormemente a consciência da Igreja a respeito dos leigos, a consciência dos próprios leigos e das leigas e sua participação na missão de transformar o mundo. Há um grande esforço e entusiasmo na participação da ação pastoral da Igreja: pessoas, grupos, pastorais, associações, movimentos...

Isso mudou muito o conceito de Igreja, modificou substancialmente a maneira de trabalhar do clero, embora haja ainda um longo caminho a percorrer. O certo, porém, é que, sendo a Igreja, em sua imensa maioria, composta de leigos e leigas, o mundo seria muito mais pagão sem eles, o Evangelho ficaria confinado a pequenos grupos e Jesus seria muito menos conhecido e seguido. Destaque-se, em particular, a presença e ação das mulheres que, por natureza, parecem mais sensíveis a certas realidades evangélicas e eclesiais. Sem elas, muitas famílias não seriam o que são, muitas comunidades não vibrariam como vibram, muitas pastorais, associações e movimentos não teriam o vigor que têm.

O fato é que Deus, que poderia salvar o mundo sozinho, resolveu precisar de todos nós: leigos(as) e pastores do Povo de Deus. Para todos e para cada membro da Igreja há um trabalho, pequeno ou grande, simples ou complexo, na vinha do Senhor. "Sim, sou cristão pela graça de Deus." Que essa verdade se torne realidade em todos os dias de nossa vida: isso quer dizer, como inculca o *Documento de Aparecida*, tornar-se cada dia discípulo-missionário de Jesus. É o que ele espera, seja lá o que cada um for na Igreja de Deus.

Discípulos-missionários

Ser discípulo-missionário de Jesus Cristo significa inserir-se consciente e corajosamente no Plano de Deus de salvar o mundo por intermédio de seu Filho feito Homem. A primeira comunidade de apóstolos e discípulos, unidos a Maria, Mãe de Jesus, ao receber o Espírito Santo no dia de Pentecostes, tornou-se Igreja, nossa Igreja. Coube a ela levar adiante a missão de Jesus através dos séculos e em todas as partes do mundo.

Será que o mundo já está evangelizado? Não! Sabemos como nosso mundo pouco corresponde ao Plano de Deus. Nem tudo, porém, é negativo. O Espírito Santo trabalha no coração das pessoas, até mesmo em quem não acredita em Deus. Quantos valores humanos, quantas coisas boas existem nas diversas culturas, quanta gente honesta, justa, ordeira, generosa, solidária... que faz o bem, independentemente dessa ou daquela religião! Tudo isso é obra de Deus nos corações humanos. Tudo isso é como o terreno bom, preparado pelo Espírito Santo, onde a Igreja pode e deve semear a semente do Evangelho.

Para que o Plano de Deus se realize em toda parte, todos os membros da Igreja precisam tomar consciência do que são e do que devem ser, isto é, discípulos-missionários de Jesus Cristo. Falhando essa consciência e esse compromisso, o Evangelho ficará letra morta e o mundo não corresponderá ao Plano de Deus. Falta, em grande parte de nossos cristãos, a consciência de pertencerem a Cristo, de serem membros da Igreja e, portanto, de terem a obrigação de seguir o caminho de Jesus e anunciar seu Evangelho, pela palavra e pelo testemunho de uma vida cristã autêntica. Falta também uma consciência eclesial, ou seja, muitas pessoas vivem um cristianismo de forma individual, não se sentem membros de uma comunidade que tem o compromisso da evangelização da sociedade e do mundo.

Por isso é urgente que ajudemos esses cristãos e essas cristãs a voltarem à fonte batismal, aonde receberam a vida divina, começaram a fazer parte do próprio Jesus e de sua Igreja. Pergunte a si mesmo: o que posso fazer para ajudar Jesus a evangelizar este mundo?

Os Evangelhos nos contam que Jesus "subiu ao monte e chamou os que ele quis. E foram a ele. Designou doze dentre eles para ficar em sua companhia. Ele os enviaria a pregar, com o poder de expulsar os demônios" (Marcos 3,13-15). A esses doze homens Jesus deu o nome de "apóstolos", quer dizer, "enviados". Esse grupo dos Doze é o embrião da Igreja: Jesus forma, prepara, organiza, até passar para eles sua mesma missão (cf. Mateus 28,18-19). Que missão era essa? Anunciar o Reino de Deus, batizar, ensinar a se tornar discípulo, para, por sua vez, tornar-se missionário.

Aí está: *Jesus chama para enviar*; o discípulo, pelo fato de ser discípulo, assume imediatamente a responsabilidade de ser missionário. Esse é o trabalho da Igreja hoje e até o fim do mundo. Jesus continua a procurar colaboradores, ajudantes, apóstolos, discípulos, missionários. Ele precisa de cada cristão.

Converter-se para anunciar Jesus

Quanto a ser discípulo, Jesus foi explícito: "Se alguém quiser vir após mim, negue-se a si mesmo, tome sua cruz, dia após dia, e siga-me" (Lucas 9,23). "Renuncie a si mesmo": significa deixar que Jesus imponha seu próprio ritmo a nossa vida. "Tome sua cruz": significa estar disposto a enfrentar as dificuldades da vida como elas se apresentam a nós cada dia. "Siga-me": significa fazer de Jesus o Mestre de nossa vida, fazer nosso seu projeto de vida, acolher, meditar e praticar sua palavra e orientar-nos por seus exemplos.

Evidentemente, essas três atitudes fundamentais do discipulado são superiores a nossas forças. Entretanto, o próprio Jesus se compromete a caminhar conosco pelos caminhos da vida. Em síntese, ser discípulo e discípula de Jesus exige total mudança de vida, que nós chamamos de *conversão*.

Todos estão dispostos a aceitar o desafio de Jesus? Nem todos. Lembremos o jovem rico que recusou o convite de Jesus (cf. Mateus 19,16-22). Ao passo que um publicano (cobrador de impostos, considerado grande pecador), chamado Levi (Mateus), não teve dúvidas ao ouvir o convite de Jesus: "Levi, levantando-se, seguiu-o" (veja Marcos 2,13-17).

São luminosas aqui a *decisão e disponibilidade* do autêntico discípulo. Jesus também ensinou que, para ser discípulo, é preciso ter um coração de criança, isto é, ser simples, humilde e puro (cf. Mateus 18,1-5); amar a pobreza e os pobres (cf. Mateus 5,3); receber o Batismo para entrar no Reino de Deus (cf. João 3,1-8).

Em síntese, é preciso começar tudo de novo, *nascer de novo*. A missão do Mestre deve ser também a missão do discípulo: pregar o Reino de Deus, anunciar o Evangelho a toda criatura. Dessa forma, o discipulado não somente gera conversão de vida, é também *fonte de missão a cumprir*, fonte de uma vocação especial. Se Jesus chama, é evidente que ele também nos dá forças para segui-lo e para anunciar seu Evangelho: "Eis que estou convosco todos os dias, até o fim do mundo" (Mateus 28,20).

Tenha-se presente, porém, que ninguém é discípulo-missionário por conta própria; pelo contrário: é Jesus quem chama e envia; ele envia, não um indivíduo isolado, mas a comunidade de seus discípulos, a Igreja que ele criou e formou; o discípulo-missionário é enviado também em nome da Igreja; deve sentir-se membro dessa comunidade de Jesus.

A missão de Jesus é também a nossa

A origem da missão é bem definida. É muito explícito o que o missionário deve dizer e fazer; igualmente ele sabe que deve levar as pessoas a Jesus. Na Igreja não há lugar para individualismos. O discípulo-missionário sem Jesus e sem a Igreja não é nada.

O que deve dizer e fazer o discípulo-missionário? A resposta está contida nas palavras de Jesus antes de voltar ao Pai: "Ide fazer discípulos entre todas as nações e batizai-os em nome do Pai, do Filho e do Espírito Santo. Ensinai-lhes a observar tudo o que vos tenho ordenado" (Mateus 28,19-20).

Trata-se de uma ordem de Jesus que aponta três compromissos: fazer discípulos, batizar e ensinar. Em outras palavras, anunciar o Evangelho por inteiro. Mais explicitamente ainda: anunciar Jesus integramente, sua pessoa, sua palavra, seu exemplo, sua obra, sua vida, sua morte, sua ressurreição, sua Igreja, sua presença viva entre nós. Essa é a missão do discípulo-missionário: fazer discípulos para que esses sejam por sua vez missionários.

Essa é a finalidade de toda evangelização e atividade pastoral. Acrescente-se que, à imitação de Jesus, o discípulo-missionário é enviado, em primeiro lugar, para anunciar o Evangelho aos pobres (cf. Lucas 4,14-19), que, pela própria condição em que vivem, estão mais abertos à Palavra de Deus.

Além disso, lembrar-se de que a marca do discipulado é o amor fraterno e a unidade. Disse Jesus: "Nisto conhecerão todos que sois meus discípulos se vos amardes uns aos outros" (João 13,35); e na oração ao Pai, antes de se encaminhar para a morte, ele rezou assim: "Que todos sejam um, como tu, Pai, estás em mim, e eu em ti. Que eles estejam em nós, a fim de que o mundo creia que tu me enviaste" (João 17,21). Portanto o discípulo-missionário, não somente anuncia o Evangelho, mas deve dar testemunho de viver de acordo com o Evangelho, a fim de que as pessoas acreditem em Jesus.

Cada vez mais é preciso convencer-se de que não basta receber os sacramentos, é preciso comprometer-se com a prática da vida cristã no dia a dia, com o testemunho e o anúncio do Evangelho de Jesus. Isso não é viável sem se alimentar da presença de Jesus, de sua palavra, de sua Eucaristia, de sua união constante com ele. Trata-se de investir na espiritualidade (mística) do discipulado e da missão.

Para terminar, o Evangelho nos conta que alguns gregos "se aproximaram de Filipe... e disseram: Senhor, queremos ver Jesus" (João 12,21). Esse é o desejo escondido no mais profundo do coração humano: ver Jesus, enviado do Pai e comunicador do Espírito Santo, para a salvação e felicidade de todos. *Levar todos a Jesus e levar Jesus a todos,* eis o que cabe ao discípulo-missionário, membro da Igreja.

Venha em nossa ajuda a Santa Mãe de Deus: *Ave, Maria...*

Palavra de Deus

- Atos dos Apóstolos 2,42-47
- Primeira Carta aos Coríntios 12,4-31

4º DIA

Pela manhã: primeira meditação

A santidade de cada dia

A santidade é o caminho normal do discípulo e da discípula do Senhor. Não é privilégio de algumas pessoas escolhidas. Nem deve ser confundida com graças especiais concedidas por Deus a este ou àquele, inclusive com o dom de milagres. Deus é totalmente livre de distribuir seus dons como e a quem quiser; no entanto, ele garante a cada um as graças suficientes e necessárias para se santificar.

Falemos, pois, de "santidade". Em primeiro lugar, quero lembrar que, se todos nós somos pecadores, também todos nós somos *santos*. Como, santos?... Sim, pelo Batismo recebido na e da Igreja. Recordemos brevemente o que dissemos na meditação: "O encontro pessoal com Jesus":

– Pelo Batismo, a Santíssima Trindade vem morar em nossa alma e a presença de Deus nos diviniza.

– Pelo Batismo, somos gerados como filhos de Deus Pai.

– Pelo Batismo, somos intimamente unidos a Jesus Ressuscitado.

– Pelo Batismo, o Espírito Santo derrama em nós os seus dons.

– Pelo o Batismo, Deus infunde em nós a fé, a esperança e a caridade.

– Pelo Batismo, a misericórdia de Deus perdoa nossos pecados, purifica-nos de qualquer mancha e enche nossa alma com sua graça.

– Pelo Batismo, somos agregados, enxertados à grande família da Igreja, que o Espírito Santo vivifica e anima continuamente.

Com tanta santidade caindo dos céus, dada a nós de graça (daí a palavra *graça*), penetrando em nosso coração, transformando nosso ser, nós nos tornamos aptos a fazer o bem, a produzir obras santas, divinas. Como, pois, negar que o Batismo nos faz santos? Nossa santificação consiste em viver na Igreja o Batismo que dela recebemos! Em outras palavras, em viver a vida divina que foi plantada em nosso coração (santidade de base, digamos), que exige estarmos sempre atentos a corresponder ao amor de Deus.

Essa santidade de base crescerá à medida que decidirmos fazer nossa parte. De um lado, está Deus que age em nós *por dentro*, por meio de seu Espírito Santo, e *por fora*, por meio da Igreja, da Palavra e dos Sacramentos. Do outro lado, estamos nós, independentemente do estado de vida e da condição em que vivemos: leigos/as, frades/freiras, padres/bispos, cardeais/papas. É tudo igual para todos, pois o caminho básico da santidade é Jesus. Ele disse: "Eu sou o Caminho!" Não há outro!

Em que consiste *nossa parte* na obra da santificação por parte de Deus? Nossa parte consiste em *colaborar* com a presença e a ação de Deus em nós, em não impedirmos a presença e ação de Deus: daí a necessidade do esforço, da renúncia, da penitência, da oração, da humildade, da atenção à Palavra de Deus, da reconciliação (Sacramento da Penitência), da Eucaristia, da devoção a Nossa Senhora e da invocação dos Santos, de nosso empenho, de nosso esforço, de nossa perseverança, de nossas lutas...

Em síntese: quem nos santifica é Deus, mas só se colaborarmos com ele e à medida que cooperarmos com ele, pois podemos diminuir e até impedir totalmente a ação de Deus em nós; de fato, ele nos criou livres e respeita nossa liberdade. Além disso: Deus dá a cada um seus dons e carismas, à medida que ele quer, conforme seu Plano de Salvação do mundo e de cada um, para o bem do todo, para o bem da Igreja, do mundo e da história (Efésios 4,11-13).

Sim, só Deus é santo, é ele quem nos santifica. No entanto, Santo Agostinho diz: "Aquele que te criou sem ti, não te salvará sem ti". A santidade, portanto, supõe, de um lado, Deus, do outro, a liberdade do ser humano que acolhe a ação de Deus.

Diferença entre religião cristã e religião pagã

Para reforçar o conceito da necessidade de colaborar com Deus, permitam que mostre a diferença entre santidade cristã e – digamos – "santidade" pagã, a diferença entre a religião cristã e a religião pagã.

Na religião pagã, é a pessoa que *se salva pelo próprio esforço*; na religião cristã, é *Deus que nos salva com nossa colaboração*. Imaginemos uma montanha escarpada muito alta: lá no alto está Deus. Na religião pagã, o ser humano, se quiser se salvar, deve desfazer-se das coisas materiais (desprezo da matéria), subir a montanha com as próprias forças e tentar chegar até onde Deus está: um Deus frio, indiferente, de braços cruzados, pronto a castigar...

Na religião cristã, não é o ser humano que escala a montanha, é Deus que desce a montanha e vem a seu encontro, toma-o nos braços e o leva até o alto (Salmo 67,20: "O Deus de nossa salvação, que carrega nossos fardos"), junto com toda a criação (o cristão não despreza a matéria: ecologia), pois pela ressurreição de Jesus começou a criação dos novos céus e da nova terra (cf. Apocalipse 21,1). Com uma condição: que nos deixemos carregar por ele, que o ajudemos com nossa liberdade a nos levar para o alto.

Em síntese, a religião pagã é religião de ascese, de renúncia, de desprezo do mundo criado. A religião cristã é religião de encarnação de Deus, que se faz criatura, que salva o ser humano e, com ele, salva e santifica toda a criação.

O Batismo é o início de toda essa história de amor... Já estamos salvos, em Jesus, e, com ele, já estamos sentados à direita de Deus no céu: em penhor, em esperança (cf. Efésios 2,6). Depende de nós querermos ou recusarmos o gesto de nosso Pai, por Jesus, no Espírito, na Igreja e por meio da Igreja (mediante o Batismo e os demais sacramentos).

Por isso, não podemos confundir a santidade com a simples busca da *perfeição* com base em nosso esforço pessoal, como quem diz: eu vou ser santo, vou ser perfeito em tudo. A perfeição como tal pode ser uma virtude, pode ser também uma mania: a de querer fazer tudo quadradinho... com consequências muito negativas para a pessoa, e o que é pior, para os outros. Que o digam os peritos em psicologia...

Santidade não significa perfeição

Penso que, ao falar de santidade, seja útil também mostrar a diferença entre perfeição e santidade. Valho-me aqui de uma síntese de José Antônio de Netto, em seu livro *Perfeição ou santidade e outros textos espirituais* (Loyola, São Paulo 2000). É útil também para um exame de consciência.

– A perfeição consiste em não ter defeitos, vícios, fraquezas ou pecados. – A santidade consiste em abrir-se para o amor. "Deus é amor" (João 4.8.16), e nisso consiste a santidade de Deus.

– O perfeccionista é aquele que pensa que só será amado por Deus, e também pelos demais e por si mesmo, se ele for perfeito. – O santo é aquele que se sabe amado por Deus incondicionalmente.

– Para o perfeccionista há uma oposição radical entre a perfeição e o pecado. O pecado é a imperfeição por excelência: desse modo, a perfeição exclui, necessariamente, o pecado. – Para o santo não há uma incompatibilidade radical entre a santidade e o pecado: as duas realidades podem subsistir, simultaneamente, na mesma pessoa ou no mesmo corpo social.

– O perfeccionista se propõe a atingir a perfeição e se esforça por alcançá-la, eliminando vícios e adquirindo virtudes. Nesse esforço, ele tende a contar exclusivamente consigo mesmo. – O santo compreende que a santidade é um dom de Deus, nomeadamente, que a capacidade de amar é um dom de Deus (Romanos 5,5). Ele se sabe dependente de Deus para ser salvo.

– A busca da perfeição tende a fechar a pessoa sobre si mesma, a fechá-la para Deus e para os outros. Orgulhoso, o perfeccionista vive em um mundo onde tudo gira em torno de seu próprio eu, onde não há lugar para o Outro (Deus) e para os outros. – A santidade consiste na abertura para os outros e para Deus, o Outro, pelo amor. O santo reconhece sua condição de pecador, admite sua incapacidade de se salvar por si mesmo e abre-se para Deus, aquele de quem espera obter o perdão e a salvação.

– Para o perfeccionista, o pecado é vivido como uma experiência de fracasso, uma humilhação de sua autoimagem, uma ruptura com o próprio ideal. As quedas produzem tristeza, desânimo. – O santo não se sente humilhado pelo pecado. Ele aceita ser pobre, frágil, limitado e sabe ser amado em sua pequenez. As quedas não lhe roubam a esperança.

– Como não consegue atingir a meta almejada, o perfeccionista se sente constantemente culpado, em dívida. Ele padece de crises de escrúpulos, vive em um estado de permanente insatisfação consigo e de contínua autocondenação. – Confiante na misericórdia divina, o santo vive sua fé com alegria e autoaceitação.

– Assim como não aceita a si mesmo, o perfeccionista tende a não aceitar os outros. Tende, pois, a julgá-los e a condená-los com a mesma severidade com que se julga e se condena a si mesmo. – O santo não espera que os outros sejam dignos de seu amor para amá-los. Ele aceita ser amado na indignidade e ama as pessoas sem exigir que elas sejam "dignas".

– Para o perfeccionista, Deus é um juiz mal-humorado. – Para o santo, Deus é amor, misericórdia, ternura infinita.

– A relação do perfeccionista com Deus é marcada pela distância e pelo medo. – A relação do santo com Deus é marcada pela proximidade e intimidade.

– O perfeccionista é legalista. Ele dialoga com a lei; relaciona-se com um código de normas e de exigências. – O santo compreende que a plenitude da lei é o amor (Romanos 13,10). Ele se relaciona com alguém, com o Pai, com Jesus, não com a lei.

– A busca da perfeição consiste na subida laboriosa de uma escada. – A busca da santidade consiste em uma descida rumo a uma radical humildade.

Você pode objetar, mas Jesus não disse no Evangelho: "Sede perfeitos, como meu Pai celeste é perfeito" (Mateus 5,48)? Sim, mas em que consiste a perfeição do Pai? Deus é Amor desinteressado, que faz o bem e não espera retribuição, ele ama por amar: essa é a perfeição de Deus. Nós somos convidados a sermos como Deus, a amar do jeito que ele ama! O Evangelho de São Lucas exprime de forma diferente da de Mateus a perfeição de Deus: em Mateus Deus é perfeito, em Lucas é misericordioso: "Sede misericordiosos, como meu Pai Celeste é misericordioso" (Lucas 6,36). A perfeição de Deus – e nossa! – consiste no amor misericordioso.

Será que Mateus não entendeu bem quem é Deus? Entendeu! Basta ler o capítulo 25 de São Mateus: ele não diz que nosso "exame final" vai ser a respeito das obras de misericórdia? São Paulo não diz: "O amor é o pleno cumprimento da Lei" (Romanos 13,10)? Não diz também: "Toda a Lei se resume neste único mandamento: amarás teu próximo como a ti mesmo" (Gálatas 5,14)? Aliás, o amor ao próximo é a prova de nosso amor a Deus (1 João).

Santidade e Igreja

O Batismo nos enxerta na pessoa ressuscitada de Jesus a ponto de formarmos com ele um único Filho: isso é a Igreja! A santidade de Deus cria a Igreja Santa. A Igreja é Jesus Ressuscitado, unido a todas as pessoas que, pela fé e pelo Batismo, o Espírito Santo mantém "enxertadas" nele, formando a grande família de Deus, em que Deus é o Pai e nós seus filhos e suas filhas, que, espalhados pelo mundo, sob a guia dos pastores constituídos por Jesus, procuram viver bem, fazer o bem, evangelizar e santificar o mundo.

Pelo Batismo na Igreja, Deus nos deixa como que... em ponto de bala para viver filialmente, santamente, para fazermos o bem, para amarmos como Deus ama: a nós mesmos, aos outros, ao mundo todo. Agora é nossa vez de dar uma resposta a Deus. E aqui entra todo o nosso esforço para renunciar ao mal, que, dentro e fora de nós, nos convida a voltarmos as costas a Deus. Aqui entra todo o nosso esforço para ouvir a Palavra de Deus, cumprir sua vontade, viver como autênticos filhos de Deus: o que exige sacrifício, renúncia, penitência, às vezes, até mesmo a morte. Temos à disposição os sacramentos da Igreja, os pastores da Igreja, a comunidade da Igreja: não nos faltam os meios para correspondermos ao que Deus fez por nós e ao que ele espera de nós.

Há pessoas que pretendem ser santas por contra própria... De certo modo, até rejeitam a Igreja: servem-se dela para o que lhes interessa (como em um supermercado...). Há quem diga: eu sou católico, faço minhas obrigações, vou à missa, não incomodo ninguém, volto para casa, cumpro o meu dever; a comunidade eclesial pouco lhe interessa.

Isso, porém, é puro egoísmo, não santidade. Ninguém é santo sozinho: somos santos enquanto membros da Igreja, isto é, unidos a Jesus e unidos aos irmãos e às irmãs. A Igreja é anterior a nós, é por meio dela que somos gerados filhos de Deus, é ela que administra os sacramentos, que orienta nossa vida, que impede nossos erros. Nós nos santificamos na Igreja, com a Igreja, por meio da Igreja, para a Igreja (daí a importância da comunidade, do sentido de Igreja, da oração em comum...), e a Igreja existe para santificar este nosso mundo! Na Igreja, pela Igreja, para a Igreja!

Para concluir, recordemos: "Esta é a vontade de Deus: que sejais santos" (1Tessalonicenses 4,3). Como discípulos e discípulas, somos chamados a seguir os passos de Jesus, o Santo por excelência. A santidade de Jesus se desdobra na santidade dos Santos do paraíso e de todos aqueles que, vivendo ainda neste mundo, participam da comunhão dos santos em sua Igreja e na comunhão do Espírito Santo, que é muito mais ampla do que a da própria Igreja. Santo não é quem não peca (embora o pecado seja sempre o oposto da santidade), mas quem, apesar dos pecados, todos os dias, retoma novamente o caminho de uma vida santa.

Venha em nossa ajuda a Santa Mãe de Deus: *Ave, Maria...*

Palavra de Deus

- Evangelho de São Mateus 5,1-48
- Primeira Carta aos Coríntios 13,1-13

4º DIA

Pela tarde: segunda meditação

A eucaristia

No céu, não haverá Eucaristia. Ela é nossa companheira aqui na terra: é o próprio Jesus. "Companheiro" vem de *cum pane*, isto é, aquele que partilha o pão com um amigo. Jesus na Eucaristia é nosso Amigo que partilha conosco o pão de Deus, ele próprio, seu Corpo e seu Sangue. Como ele disse: "O pão de Deus é aquele que desce do céu e dá a vida ao mundo" (João 6,33). O mundo sem a Eucaristia seria como a terra sem o sol: só frio e morte. O mundo estaria perdido sem a Eucaristia. A Eucaristia salvará o mundo, a começar de cada um de nós.

O mistério da fé

Precisaríamos parar um pouco em nossa correria – tanto exterior, com mil atividades, quanto interior, com mil pensamentos, devaneios e fantasias – para pensar, meditar, contemplar o que significam estas palavras: *Eis o mistério da Fé!*

Sem dúvida, o mistério da Trindade é incompreensível, o da Encarnação é espantoso, o da Eucaristia, porém, é quase escandaloso. Foi mesmo com escândalo que os ouvintes de Jesus acolheram as palavras de seu sermão sobre o "Pão do Céu" (cf. João 6,22-71). De fato, "os judeus puseram-se a murmurar contra ele por ter dito: Eu sou o pão que desceu do céu" (João 6,41).

Realmente, para critérios humanos, aquelas palavras eram absurdas. Afinal, esse Jesus era conhecido por demais: "Não é ele Jesus, o filho de José, cujo pai e cuja mãe nós conhecemos? Como se atreve a dizer agora: Eu desci do céu?" (João 6,42). Resultado: "Depois de o ouvirem, muitos de seus discípulos disseram: que palavras insuportáveis! Quem pode entender isso? A partir disso, muitos de seus discípulos voltaram para trás e já não andavam com ele" (João 6,60.66).

Note bem: por duas vezes João diz que foram "muitos" os discípulos de Jesus que murmuraram contra ele e o abandonaram. Quem sabe o Mestre tenha começado a duvidar também de seus doze apóstolos. Na verdade, porém, ele os conhecia demais para saber de que eram capazes...

Por isso "Jesus disse aos Doze: também vós quereis ir embora?" (João 6,67). A pergunta do Senhor penetrou como um dardo de fogo no coração dos apóstolos. Afinal, confiavam ou não nele? Acreditavam ou não em sua palavra? Pretenderia ele, por acaso, iludi-los? Diante do estremecimento que os invadiu dos pés à cabeça, "respondeu-lhe Simão Pedro: a quem iremos nós, Senhor? Tu tens palavras de vida eterna! Por isso nós cremos e sabemos que Tu és o Santo de Deus" (João 6,68-69).

Bendita murmuração dos judeus! Bendita descrença de muitos discípulos que provocou a pergunta de Jesus e a resposta de Pedro! Aqui, porém, é hora de pararmos um pouco. Ouvindo a narração de João, em nossa fantasia, remontamos dois mil anos atrás e tentamos imaginar a cena: Jesus, que fala, a multidão que o rodeia e escuta; de repente o espanto, a murmuração, a turba que se afasta, os Doze que se entreolham e se dão conta de que vão ficando sozinhos...

Jesus olha um por um de seus confidentes com um olhar que vai até o fundo da alma. Eles empalidecem e ficam mudos. Como quase sempre, porém, Pedro se sobrepõe aos colegas e, em nome de todos, faz sua profissão de fé! Abandonar o Mestre? Jamais! Aliás, para onde ir? Voltar para casa, para o barco, para a mesa de impostos?... Não! Trocar palavras de vida eterna por uma aventura sem saída? Nunca! "Nós cremos e sabemos que Tu és o Santo de Deus." Não só "cremos", como também "sabemos", isto é, temos experiência, saboreamos a verdade de que tu és o Filho de Deus. Pedro também podia dizer: sim, saboreamos "o pão de Deus... aquele que desce do céu e dá a vida ao mundo" (João 6,33). Dessa forma, Pedro já antecipa sua missão de confirmar os irmãos na fé (cf. Lucas 22,32).

Ponhamo-nos no lugar dos ouvintes de Jesus. Também nós julgamos duras demais suas palavras? Também nós somos tentados a voltar-lhe as costas? Ponhamo-nos junto ao altar do Senhor, junto ao sacrário de nossas igrejas. A lamparina que mal se vê não será o símbolo de nossa fé um tanto apagada? Oxalá venha em nossa ajuda a voz de Pedro para gritar em nossos ouvidos e em nosso coração: "Tu és o Santo de Deus"!

Deus tão grande e tão próximo

Voltemos à Eucaristia, "mistério da fé". Se refletirmos um pouco mais profundamente, a Eucaristia, a Encarnação e a Santíssima Trindade se complementam como em um único e múltiplo mistério: elas se englobam reciprocamente. De fato, Um da Trindade encarna-se e dá-se como alimento para nós na Eucaristia. Vice-versa, a Eucaristia é o Filho de Deus feito Homem, que, sendo Filho, é inseparável do Pai e do Espírito Santo. Como cantamos tantas vezes: "Na Comunhão recebemos o Espírito Santo; e vem contigo, Jesus, teu Pai Sacrossanto" (*Cantemos ao Senhor,* n. 273). Dessa forma, quando celebramos a Eucaristia, mergulhamos na profundidade dos mistérios mais sublimes de nosso Deus, *tão distinto de nós e tão próximo de nós.*

Como diz o Deuteronômio a respeito do povo escolhido: "Que grande nação haverá que tenha um deus tão próximo de si como está próximo de nós o Senhor, nosso Deus, sempre que o invocamos?" (Deuteronômio 4,7). Diante da Eucaristia, experimentamos a pequenez do ser humano e a grandeza de Deus, particularmente a imensa grandeza de seu amor. Pensamos um pouco nisso ao participar da Eucaristia, ao comungar o Corpo e o Sangue de Jesus?

O que é a Eucaristia

Estamos habituados a falar da Eucaristia como "missa", como "comunhão", como "presença real". Tudo isso é verdade; não diz, porém, o que é realmente a Eucaristia tal como Jesus a entendeu, a Igreja compreendeu e nos transmite constantemente. A etimologia de "Eucaristia" é a que nos faz compreender melhor a verdade profunda desse mistério; todos sabemos que "Eucaristia" significa "ação de graças".

Se é assim, precisamos mergulhar nesse contexto para compreendermos o mistério em sua totalidade. Foi esse o contexto em que Jesus provavelmente celebrou a última ceia e instituiu o grande Sacramento. O rito judaico da ceia pascal evocava as maravilhas de Deus, desde a criação do mundo até a libertação do povo escolhido e a celebração da Aliança no Sinai; enfim toda a História da Salvação. Ou seja, o coração do conviva da ceia hebraica vibrava de gratidão por todo o plano da salvação de Deus.

Nós, que pertencemos à Nova Aliança, temos ainda mais motivos para apresentar-nos a Deus de coração agradecido. E o fazemos, já não tendo à frente Moisés, mas o Filho de Deus em pessoa, que quis tornar-se parte de nosso mundo e, agora, na Eucaristia, apresenta-se ao Pai arrastando consigo todos nós que cremos nele e, conosco, todo o universo em que estamos enraizados.

Precisamos estar atentos para criar esse clima de gratidão ao participarmos da Eucaristia. Não se trata de um rito repetitivo, cujo conteúdo vai se apagando na indiferença de uma participação fria. Trata-se de unirmo-nos conscientemente a Jesus, nossa Cabeça, e com ele darmos graças ao Pai, movidos pelo Amor, que é o Espírito Santo. Dessa forma, mergulhamos no oceano da Trindade, levando conosco um coração repleto de gratidão. Esse é o sentido primeiro e fundamental da Eucaristia.

Nossas oferendas

Como dissemos, o ser humano foi constituído sacerdote da criação. Seu ofício era louvar, adorar e agradecer ao Criador tudo o que ele fez. O pecado perturbou essa ordem. O Filho de Deus, porém, restaurou-a na Encarnação, ao se tornar uma parte do mundo criado, e, na Eucaristia, ao antecipar, sob a forma de um rito de pão e de vinho, sua morte redentora na cruz.

Assim como a carne humana foi santificada pela Encarnação do Filho de Deus, as demais realidades criadas são santificadas pelo fato de Jesus ter escolhido o pão e o vinho para se tornarem seu Corpo e seu Sangue. Tanto é que na primeira Oração Eucarística, depois da consagração, dizemos: "Nós vos oferecemos aquilo que nos destes".

No momento, pois, da apresentação das oferendas, o celebrante toma em suas mãos uma parte da criação – em representação de tudo o mais – e a põe diante dos olhos de Deus para que ele se digne transformá-la em seu Filho Encarnado: carne e sangue humanos, pão e vinho, o universo inteiro (podemos dizer), estão ali, à espera da ação do Espírito Santo. Não sem motivo, na terceira Oração Eucarística dizemos a Deus: "dais vida e santidade a todas as coisas".

É preciso parar e pensar nestas duas palavras: "vida" e "santidade" a tudo o que foi criado! Portanto não se pode perder a consciência desta verdade grandiosa: de certa forma, a Eucaristia é a consagração de todo o universo, assim como na Encarnação o Filho de Deus assumiu toda a realidade humana e cósmica.

O grande objetivo é "a fim de que Deus seja tudo em todos" (1 Coríntios 15,28). A Eucaristia, portanto, é a maior oração da Igreja, de toda a Igreja – Corpo místico de Cristo –, que não só agradece ao Criador as maravilhas da criação e da salvação, como também promove, aos poucos, a santificação do universo inteiro. Tudo fica claro se prestarmos atenção quando, no início da Oração Eucarística, o celebrante nos faz o convite: "Demos graças ao Senhor, nosso Deus!"

O altar do Calvário

A Antiga Aliança no Sinai foi celebrada com o sangue de sacrifícios de animais. A Nova Aliança no Calvário foi selada com o sangue do próprio Filho de Deus! Aquela não passava de figura; esta foi realidade sofrida e cruenta que Jesus enfrentou com todo o seu amor pelo Pai e por todos nós. Do alto do monte Sinai ao alto do monte Calvário, um percurso de séculos, uma efusão de amor divino e uma corrente de traições do povo escolhido.

É típico do amor não desistir, ser generoso e misericordioso ao extremo. Por isso o Pai "nem sequer poupou seu próprio Filho, mas o entregou por todos nós" (Romanos 8,32). Por sua vez, o Filho "levou seu amor... até o extremo" (João 13,1).

O Calvário assistiu, espantado, ao encontro de dois amores: o do Pai, que entregou à morte seu Filho para que fôssemos salvos do pecado, do diabo e da morte, e o do Filho, que se entregou voluntariamente ao suplício da cruz por amor do Pai e de todos nós. Nunca houve amor tão grande como o do Calvário. Foi para ali que o Espírito Santo conduziu Jesus; ali fez com que seu amor florescesse e amadurecesse em plenitude, como resposta ao amor do Pai e como antídoto a nosso desamor.

O sacrifício de Jesus é a fonte de nossa vida eterna. Para beber dessa fonte, não existem distâncias, nem do tempo nem do espaço, pois o sacrifício do Filho de Deus está "condensado" na Eucaristia, da qual podemos participar a qualquer momento e em qualquer lugar.

Assim, quando se diz que Jesus nos amou "até o extremo", podemos entender também que nos amou até os extremos do tempo e do espaço: a Eucaristia é o sacrifício de Jesus em sua plenitude; a diferença está unicamente no amor sacrificado da Sexta-feira Santa se tornar presente aqui e agora sob sinais rituais, não na crueza do sangue e dos tormentos. Portanto "ir à Missa" é bem mais do que ir à igreja; é pôr-se, com Maria e as outras poucas pessoas que estavam no Calvário, sob a cruz de Jesus e participar da redenção de seu amor. Será mesmo assim nossa Eucaristia?

Para que todos sejam Um

A oração sacerdotal de Jesus (cf. João 17) é que nos dá o sentido exato da comunhão eucarística, sentido bem mais amplo que o de simplesmente "receber meu Jesus em meu coração"... Referindo-se aos que cressem nele, Jesus orou: "Eu neles e Tu em mim, para que eles cheguem à perfeição da unidade e assim o mundo reconheça que Tu me enviaste e que os amaste a eles como a mim" (João 17,23).

Aqui há um encadeamento de realidades: comunhão com Jesus, unidade entre os discípulos, conversão do mundo. Com razão devemos falar da "responsabilidade" da comunhão eucarística, a fim de que a Eucaristia nos leve a realizar o plano do Pai e a justificar a razão pela qual Jesus morreu, que foi a de "congregar na unidade os filhos de Deus que estavam dispersos" (João 11,52).

Não sem motivo, Jesus, na última ceia, deu a seus apóstolos – e a todos nós – o mandamento novo: "Dou-vos um novo mandamento: que vos ameis uns aos outros assim como Eu vos amei" (João 13,34). Por esse amor, por essa comunhão fraterna, por essa unidade, é que os discípulos de Jesus devem ser conhecidos pelo mundo: "Por isto é que todos conhecerão que sois meus discípulos: se vos amardes uns aos outros" (João 13,35).

Essa é a "responsabilidade" da comunhão eucarística, longe e além de qualquer tipo de egoísmo e individualismo espiritual... Há, porém, ainda um dado fundamental a ilustrar. Em toda a vida de Jesus antes de morrer, nunca a Igreja em embrião foi tão "Igreja" quanto na última ceia.

Realmente, foi ali que se realizou – como dissemos, antecipando sob sinais o momento do Calvário – a reconciliação entre o Pai e os seres humanos pecadores. Por meio de seu Filho, o Plano divino da Salvação alcançou seu ápice naquele momento. Comungando o Corpo e o Sangue do Senhor, os apóstolos tornaram-se Um só com Jesus e com o Pai, e entre eles mesmos: era a realidade da Igreja, animada pelo Amor divino do Espírito Santo.

A comunhão eclesial, portanto, que, aos poucos, por vontade de Cristo, deve alcançar o mundo inteiro, é a Igreja: nela vive o Reino de Deus, por ela se realiza o Plano da Salvação. Essa é a razão pela qual São João Paulo II começou sua encíclica sobre a Eucaristia (2003) com estas palavras: "A Igreja vive da Eucaristia. Esta verdade... contém em síntese o próprio núcleo do mistério da Igreja" (n. 1).

Finalmente, é preciso relevar uma última e forte "responsabilidade" eucarística: a missão de evangelizar. Se a Eucaristia faz a Igreja, a Eucaristia é também fonte da missão eclesial. Quando o mundo inteiro tiver aprendido a celebrar e a viver a Eucaristia, a História da Salvação terá chegado a seu fim, pois o mundo estará inteiramente evangelizado.

Aliás, toda evangelização, desde a mais remota promoção dos valores humanos até o anúncio explícito de Jesus Cristo, os Sacramentos, tudo o que a Igreja diz e faz, tudo conduz ao altar da Eucaristia, porque é ali, como dissemos, que se realiza a vontade definitiva de Deus: que todos sejam Um e Deus seja tudo em todos.

Portanto comungar não pode ser um gesto meramente devocional. É um gesto eclesial, um gesto comprometedor, gerador de unidade, de testemunho e de anúncio do Evangelho. Deus nos livre de não valorizarmos o encontro pessoal com Jesus, de não darmos importância à presença real eucarística e às devoções que a acompanham... Tudo isso, porém, deve levar-nos a celebrar mais conscientemente a Eucaristia, a comungar com mais responsabilidade, a assumir mais, em comunhão com toda a Igreja, a causa da unidade e da evangelização.

Fazei isto em memória de mim

Na Eucaristia, a grande oração da Igreja, Jesus é o sacerdote que preside, Jesus é a Palavra que se anuncia, Jesus é a vítima que se oferece e se imola, Jesus é o alimento que se consome; enfim, a Eucaristia é Deus conosco, Emanuel. Dar a vida por alguém é gesto sublime; porém fazer-se comida e bebida só podia ser gesto de um Deus, como Jesus. De fato, ele nos amou "até o extremo". Não sem motivo mandou: "Fazei isto em minha memória" (Lucas 22,19) para que compreendamos o quanto ele nos ama. Além disso, essa "memória" – que não é somente "lembrança", mas "presença salvadora" aqui e agora – quer provocar também em nós uma resposta de amor.

Finalmente, o "Fazei isto" não é só repetição do gesto ritual de Jesus, mas convite a seguir seu exemplo de serviço, doação, sacrifício pela vida do mundo. Ele disse: "Como Eu vos amei" (João 14,34), ou seja, a Eucaristia, prova do extremo amor de Jesus, é sempre a síntese de tudo o que ele ensinou e fez por nós, para que o imitemos.

Se todos compreendêssemos essa verdade, tudo seria diferente: nossas Missas, o Domingo, Dia do Senhor, a Igreja, o amor fraterno, enfim, a vida cristã... pois a Eucaristia é nossa salvação e a salvação do mundo.

Venha em nossa ajuda a Santa Mãe de Deus: *Ave, Maria...*

Palavra de Deus

- Evangelho de São Mateus 26,17-29
- Primeira Carta aos Coríntios 11,17-29

5º DIA

Pela manhã: meditação de encerramento

Maria, pedagoga da evangelização

Toda a vida cristã consiste em três coisas simples: pôr Jesus Cristo no centro de nossa vida, tornar-nos seus discípulos, para sermos missionários do Evangelho. Pôr Jesus Cristo no centro de nossa vida é alguma coisa parecida com o despertar do amor humano no coração de um jovem ou uma jovem. De repente, um olhar, um sorriso, um gesto acende no coração uma chama que, alimentada cada dia por novos olhares, novos sorrisos, novos gestos, incendeia uma vida que acaba por se entregar definitivamente e sem reservas.

"O amor é forte como a morte... suas chamas são chamas de fogo, labaredas divinas" (Cântico 8,6). O fogo do amor queima tudo a seu redor e abre caminho em busca da pessoa amada. Desde o momento em que alguém descobriu o amor de sua vida e o colocou no centro de sua vida, passa a viver feliz. A consciência desse amor é mais forte do que qualquer sofrimento e desperta alegria, paz, esperança. Assim é o amor humano.

Esse acontecimento, que transforma a vida de uma pessoa, é imagem do que deveria suceder com cada um de nós em nosso relacionamento com a pessoa de Jesus Cristo. Os apóstolos ficaram fascinados pelo olhar de Jesus e o seguiram sem se voltar para trás. São Paulo confessou: "Fui alcançado – outros traduzem "agarrado" – pelo Cristo Jesus" (Filipenses 3,12). Sua consciência de pertencer ao Senhor era tão forte que afirmava que nada – absolutamente nada – seria capaz de separá-lo do amor de Cristo" (cf. Romanos 8,35-39).

Assim, pois, colocar Jesus no centro de nossa própria vida, pertencer-lhe, viver por ele, não permitir que nada nos separe dele, isso significa ser seu discípulo. Nisso consiste a vida cristã de cada dia, a espiritualidade ensinada pelo Evangelho, nisso consiste nossa Religião.

Nossa Religião é a pessoa de Jesus Cristo, ao qual estamos unidos pelo Batismo, ao qual pertencemos, pelo qual vivemos, pelo qual queremos morrer. "Ninguém dentre nós vive para si mesmo ou morre para si mesmo. Se estamos vivos, é para o Senhor que vivemos e, se morremos, é para o Senhor que morremos. Portanto, vivos ou mortos, pertencemos ao Senhor" (Romanos 14,7). Viver assim é viver como discípulos e discípulas daquele que nos amou por primeiro, Jesus.

Na escola de Maria

Em que escola se aprendem essas coisas? A melhor delas é a escola de Maria, a Mãe de Jesus. Ela é Mestra, Pedagoga do Evangelho. Portanto ela nos pode ensinar quem é Jesus, como tornar-nos discípulos e discípulas do Salvador, como viver em seu seguimento, como pertencer-lhe, como morrer por ele.

Na escola de Maria, há lições para todos os momentos da vida de quem realmente quer viver segundo o Evangelho do Filho de Deus. Não sem motivo, Maria é invocada também sob o título de "Auxiliadora dos Cristãos", precisamente porque ela "auxilia-ajuda" os discípulos de seu Filho a segui-lo em todo tempo e lugar.

No momento supremo da vida de Jesus, prestes a exalar o último suspiro, "Jesus, ao ver sua mãe, e, ao lado dela, o discípulo que ele amava, disse à mãe: Mulher, eis o teu filho! Depois disse ao discípulo: Eis a tua mãe! A partir daquela hora, o discípulo a acolheu como sua" (João 19,26-27). Ou seja, João assumiu Maria como algo que naquele momento foi confiado a ele, por isso a levou consigo, levou-a para sua casa.

Sim, levemos Maria para casa: ela nos foi dada como Mãe, e não há melhor mestra da vida do que a Mãe da vida. Em casa, no dia a dia dos pequenos e grandes acontecimentos, Maria será nossa educadora para que o Evangelho nos alimente e nos fortaleça, como o leite materno alimenta e fortalece o filho trazido pela mãe ao colo. Na escola de Maria, aprenderemos a ser autênticos discípulos de Jesus, para sermos corajosos missionários dele.

As criancinhas aprendem contemplando, observando, gravando na própria mente e no coração tudo o que veem. Contemplemos, pois, Maria, nossa Mãe, nossa Mestra. Olhemos para ela. Quem é Maria? Por que ela é tão importante para nós? O que ela fez por nós?

Em primeiro lugar, Maria nos educa por ela mesma, por ser ela quem é. E como é ela? Quem é ela? Maria é toda de Deus! Esse é o sentido do que afirmamos e cremos quando dizemos que ela é imaculada, cheia de graça. Jamais houve um instante sequer em que ela tenha pertencido a alguém que não fosse Deus. Deus a preservou do poder do Maligno e a cumulou de bênçãos e graças, pois a queria toda para si, destinada como era a ser sua Mãe.

Maria, por sua vez, consciente de ser propriedade divina, em momento algum cedeu espaço em seu coração a outro que não fosse seu Deus. Ninguém de nós poderia igualar-se a Maria, tão privilegiada por Deus. Nós nascemos sob a sombra do Maligno, trazendo em nós a marca do pecado. A misericórdia de Deus, porém, a partir do momento do Batismo, torna-nos imaculados, sem mancha, porque a Santíssima Trindade se apossa de nós e nos tornamos todos seus: passamos a pertencer integralmente a Deus.

Nem sempre, porém, no agir de cada dia, nossa consciência de pertencer a Deus está sempre atenta a ponto de jamais nos entregarmos a outro que não seja o próprio Deus. Sabemos claramente o que é o pecado, conhecemos nosso pecado. Pois bem, aqui está a primeira lição de Maria. Como ela, pertencemos ao Senhor. Como ela, procuremos viver unicamente para o Senhor, sem jamais voltarmos atrás de nossa entrega feita à Santíssima Trindade no momento do Batismo. Só assim nos tornaremos verdadeiros discípulos do Filho de Deus e Filho de Maria.

Em segundo lugar, Maria nos educa para o Evangelho por ser ela a Mulher da Palavra de Deus. Um dia, "enquanto Jesus falava, uma mulher levantou a voz no meio da multidão e lhe disse: feliz o ventre que te trouxe e os seios que te amamentaram. Ele respondeu: felizes, sobretudo, são os que ouvem a Palavra de Deus e a põem em prática" (Lucas 11,27-28). Com essas palavras, ao contrário de parecer uma depreciação de Maria, Jesus "canonizou" sua Mãe. Ao mesmo tempo nos indicou que, se ser Mãe do Messias, do Filho de Deus, é uma grande felicidade, a felicidade de Maria foi ainda maior por ter sido atenta à Palavra de Deus e praticante do que ouvia.

Por ocasião da Anunciação, Maria encerra o colóquio com o arcanjo Gabriel, dizendo: "Faça-se em mim segundo a tua palavra!" (Lucas 1,38). E, ao visitar sua prima Isabel, esta saúda Maria exclamando: "Feliz aquela que acreditou" (Lucas 1,45). Maria foi grande diante de Deus porque grande foi sua fé na Palavra de Deus. Essa é a segunda lição que a Mestra do Evangelho nos transmite.

Maria, toda de Deus, ela é também toda atenta à Palavra de Deus. Não só atenta para ouvir, mas atenta em praticar. Eis o motivo pelo qual, nas bodas de Caná, Maria disse aos apóstolos: "Fazei tudo o que eles vos disser!" (João 3,5). Se essas palavras, no momento em que foram pronunciadas, eram dirigidas aos serventes da festa do casamento, hoje elas são dirigidas a todos aqueles que pretendem seguir Jesus como discípulos. Condição indispensável é estarmos atentos à Palavra de Deus e procurarmos colocá-la em prática.

Em terceiro lugar, Maria nos educa para o Evangelho por ser ela a Mulher do serviço, da doação, da dedicação. Quem vive atento à Palavra de Deus também vive atento às necessidades dos filhos e das filhas de Deus. Foi assim nas bodas de Caná. Foi assim antes ainda, quando Isabel, prima de Maria, estava grávida de João Batista. "Naqueles dias, Maria partiu apressadamente para a região montanhosa, dirigindo-se a uma cidade de Judá... Maria ficou três meses com Isabel. Depois, voltou para sua casa" (Lucas 1,39.56). Como se nada tivesse feito de fora do comum, aquela que tinha consciência de trazer em si o Messias, o Filho de Deus feito Homem, arrisca-se pelos caminhos das montanhas de Judá para ajudar sua prima que também iria ser mãe. Serviço humilde, silencioso, despretensioso. Cumpre sua missão e volta para seu lar.

As lições de Maria

Sem dúvida, esta lição que a Mestra do Evangelho nos dá é uma das mais necessárias em nossos tempos de individualismo e egoísmo. É relativamente fácil dedicar-se a ouvir a Palavra de Deus, folheando a Bíblia Sagrada, apelando para ela com frequência. Difícil é praticá-la quando ela nos pede um serviço desinteressado, às vezes tão pequenino, quase insignificante, que nossa curta generosidade recusa.

O mundo seria melhor se a lição de Maria nos educasse a sermos mais atenciosos às necessidades dos outros. E quantas e quão grandes são essas necessidades! Em Caná, Maria tinha os olhos bem abertos, atentos a tudo o que lhe acontecia ao redor.

Cabe também a nós abrirmos os olhos e olharmos um pouco mais para fora de nossa casa, fora de nosso coração, para descobrirmos de que precisam nossos irmãos e nossas irmãs. Nada mais contrário ao ser discípulo de Jesus do que o fechamento em si mesmo. Ele não disse: "O Filho do Homem não veio para ser servido, mas para servir" (Marcos 10,45)?

Entre tantas outras, ainda uma lição da Mestra Maria. Após a ascensão de Jesus aos céus, "os apóstolos deixaram o monte das Oliveiras e voltaram para Jerusalém... Todos eles perseveravam na oração em comum, junto com algumas mulheres – entre elas, Maria mãe de Jesus – e com os irmãos dele" (Atos 1,12.14). Maria compreendeu que a morte de seu Filho não era o fim da missão que lhe fora confiada. Pelo contrário, a ressurreição de Jesus confirmou-a ainda mais em sua missão, agora, de Mãe da Igreja e missionária do mundo inteiro.

Eis por que ela não foge nem se esconde, mas põe-se no centro do grupo dos apóstolos, discípulos e discípulas, e participa intensamente da vida da Igreja nascente. O que ela fez em Jerusalém no dia de Pentecostes deve ter continuado a fazer em companhia de João Evangelista, a quem fora confiada por Jesus. Enquanto viveu, Maria foi sempre testemunha ardente de seu Filho, a primeira missionária ao longo de toda a história da Igreja, a Auxiliadora de todos os discípulos de Jesus que têm a missão de levar a mensagem do seu Filho até os confins do mundo.

Fiquemos por aqui e assimilemos as lições de Maria, nossa Mestra: toda de Deus, mulher da Palavra de Deus, mulher do serviço aos irmãos, missionária de seu Filho. Basta isso para fazer de nós discípulos-missionários do divino Mestre, pois nessas quatro lições estão contidas todas as exigências do Evangelho.

Junto à Mãe de Jesus

Os bispos da América Latina, na Quinta Conferência do Episcopado Latino-americano, realizada em Aparecida, em 2007, convidaram todos os membros da Igreja a se tornarem "discípulos e missionários de Cristo, Caminho, Verdade e Vida, para que nossos povos tenham vida nele". E acrescentaram: "Maria, Mãe de Jesus Cristo e de seus discípulos, tem estado muito perto de nós... Temos pedido a ela, como mãe, perfeita discípula e pedagoga da evangelização, que nos ensine a sermos filhos em seu Filho e a fazer o que ele nos disser" (*Documento de Aparecida* 1).

Depois, os bispos acrescentaram: "Fixamos o olhar em Maria e reconhecemos nela a imagem perfeita da discípula-missionária. Ela nos exorta a fazermos o que Jesus nos diz... Junto com ela, queremos estar atentos uma vez mais à escuta do Mestre e, perto dela, voltarmos a receber com estremecimento o mandato missionário de seu Filho: vão e façam discípulos todos os povos" (*Documento de Aparecida* 364).

Na verdade, na escola de Maria, aprendemos a ser discípulos para que nos tornemos missionários de seu Filho, Caminho, Verdade e Vida do mundo.

Maria, Mãe de Jesus, Mestra e Pedagoga da Evangelização, fazei de nós discípulos-missionários de vosso Filho! Assim seja. *Ave, Maria...*

Palavra de Deus

- Evangelho de São Lucas 1,26-56
- Evangelho de São João 2,1-12

Este livro foi composto com as famílias tipográficas PT Sans Pro e Acuta
e impresso em papel Offset 75g/m² pela **Gráfica Santuário.**